JN076252

UTILIZE PERSONAL DATA
ON BUSINESS

「個人データ」
ビジネス
利用の極意

弁護士・公認システム監査人
福本洋一　著
Yoichi Fukumoto

商事法務

はしがき

　著者は弁護士という立場で、データのビジネス利用を推進したいという企業から法務面でご相談を受けるが、実際に検討されているサービス内容をお伺いすると、現代におけるデータのビジネス利用の意味を理解されていないように感じることが多い。

　プラットフォーマーといわれる Google は、オンラインで地図・検索サービスを提供しているが、そのサービス自体では利用者からまったく対価は得ていない。そこに集まる多数の利用者の検索内容、ウェブサイトの閲覧履歴、位置情報や移動履歴といった「行動履歴データ」という利用価値の高いビッグデータを収集してそれを広告配信等の事業に用いるために、多額の投資を行って地図・検索サービスを無料で提供しているのである。Google にとっては、利用価値の高いデータを収集することが目的であって、提供している地図・検索サービスはあくまでデータを収集する手段に過ぎない。

　このようなプラットフォーム（仕組み）を構築して価値あるデータを独占することが、これからのデータドリブン経営（データを収集・分析して経営戦略などの意思決定に活用する経営手法）において目指すべきところであるが、日本の多くの企業は、いまだにサービスが目的であって、サービス自体からのマネタイズだけを考え、データはあくまでサービス提供のための手段としか捉えられていない。

　著者は、このようなデータに対する固定観念から抜け出せない企業に対し、データのビジネス利用の考え方について役員研修や社内研修で解説し、管理部門だけではなく事業部門も交えて収集

できるデータのビジネス上の利用価値を検討し、一緒にデータを収集するためのスキームを再構築していくといったサポートを数多く行ってきた。

本書は、これからのデータドリブン経営に備えて、より多くの企業に個人情報を含めたデータへの向き合い方を改めて考えていただきたいと考え、著者が日々のサポートの中でクライアントに提案してきたデータのビジネス利用における実務での考え方や視点をまとめたものである。データドリブン経営やデータのビジネス利用に取り組みたいと考える経営者や事業部門の方に是非知っていただきたいテーマも多数取り上げている。

また、本書では、データのビジネス利用に関連して、著者が個人情報を含めた組織内における情報管理に関してご相談を受けた際に、多くの企業が法的義務として実施しなければならないと誤解している取扱いやよく悩まれている問題を取り上げて、法的な観点からの実務対応をまとめている。本書の内容については、学者や実務家の方でも異論のあるところも多々あるであろうことは、著者自身が自覚しているところであるが、意図してそのようなものも組み込んでいる。情報管理に関して執筆されたものは多数存在するものの、言葉を選ばずに申し上げると、ガイドライン等に沿って解説した当たり障りのない内容のものが多く、具体的な実務に当てはめようとする際に悩む部分は記載されていないものが多いように思われる。実際に、著者がクライアントからご相談を受ける際も、現実のビジネスやデータを目の前にしたときに、書籍等で解説されているような取扱いでは現場が回らないので、どうすればよいかというご相談が多いところである。

本書の構成は、個別のテーマに分けて解説しているが、全体をご一読いただくことで、重要な視点は異なるテーマにおいても共

通しており、さらに取り上げている個別のテーマも相互に関連し合っていることをご理解いただけるようになっている。全体を通して、データのビジネス利用とそのための情報管理体制の構築が企業にとっての重要な経営課題になっていることが実感いただけるのではないかと考えている。

　本書がより多くの事業者にとって、個人データをビジネスで取り扱うことに対する漠たる不安や誤解を解消し、安心して個人データのビジネス利用を推進できる契機となって、日本においても社会に評価されるような価値あるデータを利用したサービスが生み出されるための羅針盤となることを祈念する。

令和3年2月

弁護士法人第一法律事務所

弁護士　福　本　洋　一

目　次

第1講
ポストコロナ禍における
個人データのビジネス利用の拡大

① 個人データのビジネス利用とは

　個人データのビジネス利用というと、個人に対するダイレクトメールの発送、電話営業、広告メールやメールマガジンの送信等のための連絡先情報としての顧客名簿の利用を想起される方もいるかと思われる。

　このような個人データの利用も引き続き重要ではあるものの、これからのビジネスにおいては、**データドリブン経営**（データを収集・分析して経営戦略などの意思決定に活用する経営手法）が拡大していく中で、ビジネスにおける経営者の意思決定に、個人データを含めたビッグデータが利用されることになってくると思われる。

　たとえば、ダイレクトメール・広告や新たな商品・サービスの企画・開発等に利用するために、市場調査として個人に対するアンケートを実施して、回答者の性別や年齢、職業等の属性に関する情報を取得して商品・サービスに対する興味・関心等を把握するといったことが行われているが、これらのアンケート結果の情報はいずれも個人の主観に基づいて回答されたものであるため、必ずしも客観的な実態を反映しているとはいえない。アンケートの回答は本人の思い込みやバイアスによる影響を受けるのである。

　たとえば、ある家電に関するアンケートにおいて、メーカが他

社製品との差別化要素と位置づけた機能に関して購入時に重視するかと質問した場合に、回答者は言われてみればあると便利だと思えば「重視する」と回答すると思われるが、実際にその家電をIoT家電にして利用者による家電の操作履歴データを収集してみると、ほとんどの利用者が購入後にその機能を利用しておらず、実際には他社製品との差別化要素にはなっていなかったことが判明することもある。

このように、人の主観は本人としては嘘をついているわけではなくても実態を反映するとは限らないのである。他方で、上記の家電の操作履歴データ（個人の行動履歴）を収集することで、商品・サービスの開発者が期待した通りに顧客が利用しているかを確認できたり、頻繁に発生するエラーを把握して製品の改善箇所を特定できたり、特定のキャンペーンを実施したことによる反応の変化を数値で把握することができるようになる。

個人の行動履歴データをビジネスにおいて利用することで、経営戦略だけではなく、日々の業務における商品やサービス等の企画や開発等における判断の確度も高めることができるのであり、このような個人データのビジネス利用は、あらゆる産業・業界のあらゆる企業において実践可能なものである。よくメーカの担当者から、当社はBtoBの取引しかないので個人データの取扱いはないと言われることもあるが、それは旧来型の顧客名簿のような連絡先情報としての個人データを想定しているものである。

現代においては、積極的に個人の行動履歴データを収集・分析してビジネスに利用していくことが、これからの第4次産業革命時代における競争に打ち勝つために必要であると思われる（**第20講**③参照）。

第一講　ポストコロナ禍における個人データのビジネス利用の拡大

② ニューノーマル（新常態）によるコミュニケーションの変化

　2019年末から2020年にかけて新型コロナウイルス感染症（COVID-19）が全世界に流行し始め、日本においても2020年4月に7都道府県に「新型コロナウイルス感染症緊急事態宣言」が発令され、3つの密（密集、密接、密閉）を避けるべく、外出自粛要請や時差出勤・テレワークの推奨等が行われた。

　そのような中で2020年5月に、政府の専門家委員会から新型コロナウイルスを想定した「新しい生活様式」の実践例が提案され、「働き方の新しいスタイル」として、「テレワーク」、「会議はオンライン等」の提言がなされており、実際に企業においてもオフィスワーク・対面営業から在宅ワーク・ウェブ会議ツール等の利活用に働き方が変化し、緊急事態宣言が解除されたポストコロナ禍においても、そのような社内外でのオンラインによるコミュニケーションの常態化が進みつつある。

　個人データのビジネス利用という観点からは、オンラインによるコミュニケーションが広がることで、リアルな（対面の）コミュニケーションでは困難な当事者の**やりとりのログ（履歴）をデータとして記録・保存することが可能になる**点で、個人データのビジネス利用の機会の拡大につながることが想定される。

　たとえば、社内でのオンラインによるコミュニケーションの常態化に関しては、ウェブ会議ツールを利用してオンラインで社内会議を行う場合、その会議での発言等を端末のマイクとカメラを通じて動画データとして記録・保存することが可能になる。そのデータに基づいて、AI（人工知能）による顔認識技術を用いることで誰が発言したのかを特定し、顔認識技術・自然言語処理技

術・音声感情解析技術等を用いることで発言者の表情や会話の内容・口調から感情をAIに分析させて、従業者のパワーハラスメントの懸念やメンタルヘルスのおそれ等を評価したり、従業者の就労意欲の変化等を評価して退職懸念のある従業者を把握したり、人事考課や教育訓練に反映することも考えられる。

③　BtoBでのコミュニケーションにも影響

　社外とのオンラインによるコミュニケーションの常態化に関しては、オンライン営業ツールを利用して営業を行う場合、顧客の担当者との会話を端末のマイクとカメラを通じて動画データとして記録・保存することが可能になる。そのデータに基づいて、顔認識技術・自然言語処理技術・音声感情解析技術等を用いることで発言者の表情や会話の内容・口調から感情をAIに分析させて、商談時に提案した商材に対する顧客の担当者の反応の変化を分析して、顧客の商材の採用可能性を評価することも考えられる。

　さらに、オンラインによるコミュニケーションの常態化によってAIの学習対象となる膨大な「学習用データセット」の作成を容易にすることができるのは当然のこと、AIに学習させた「学習済みモデル」といわれる**予測モデルのビジネス**での利用機会が拡大することにもつながる。

　たとえば、オンライン営業において、予測モデルを用いて当該顧客の担当者の発言内容をリアルタイムにAIに分析させて興味を持ちそうな商材を推測したり、顧客の担当者との会話を分析させて提案している商材への関心度を評価したりすることが考えられる。オンライン営業であれば、顧客側には見せずに営業担当者の端末の画面にのみ表示することが可能になるため、リアルな対面営業では実現できないような営業支援が可能になり、営業手法

や営業評価の在り方が大きく変わることが想定される。

　加えて、BtoB の取引においては企業等の組織が相手方になるため、個人データのビジネス利用は関係がないと思われているが、実際にやりとりをしているのは組織内にいる個人である。よって、AI を用いて顧客におけるプロジェクトの採否を決めるキーパーソンを発言内容から特定したり、当該顧客のキーパーソンの発言内容から興味・関心を持ちそうなメリットや判断基準を分析するといった形で、BtoB の取引においても**顧客の担当者や特定のキーパーソンという「個人」の興味・関心を把握**して、当該企業への営業活動に活用することが考えられる。

　このように、オンラインによるコミュニケーションの常態化によって、BtoB の取引においても、単なる組織としての顧客ではなく、その組織内にある特定の個人をターゲットとして、その行動履歴データを分析する形でのビジネス利用が想定されるので、BtoC のビジネスを行っていない事業者においても、個人情報の取扱いに対するコンプライアンスの意識やプライバシーへの配慮の意識を持つことが重要となる。

④ 個人データのビジネス利用において新たに生じる課題

　以上に紹介したように、今般の個人データのビジネス利用とは、従来の顧客名簿等の営業用の連絡先情報として利用するというものではなく、個人の外形的な行動履歴データを分析して、個人の内心（趣味嗜好・関心・興味・次の行動）を予測するといった利用方法に変わってきており、オンラインによるコミュニケーションの常態化に伴い、そのような利用方法が今度さらに増加してくることが想定される。

　しかしながら、そもそも事業者が相手方本人の了解なくこのよ

うな個人の行動履歴データを分析するような方法で利用することは許されるのだろうか。

　本人のプライバシーの権利との関係で問題がないのかという観点からみると、日本の裁判例においては、プライバシーの権利とは「私生活をみだりに公開されないという法的保障ないし権利」（「宴のあと」事件、東京地判昭和39・9・28下民集15巻9号2317頁）と定義されており、単に外形的な行動履歴から個人の内心を推測する行為自体はプライバシーの権利を侵害しているとはいえないと思われる。

　しかしながら、この判決が言い渡された1960年代と現在の情報通信技術は大きく異なっており、このようなプライバシーの概念は、現在における個人に関するデータの取扱いの実態にはまったく合っておらず、現代における社会の一般的な常識は必ずしもそのような認識ではないところである。

　この点については、2019年に発生したリクナビDMPフォローの内定辞退率の提供事案（第10講7参照）において、サイト運営企業が、学生のサイトにおける閲覧等のアクセスログを分析して学生の内定辞退率を算定して募集企業に提供するというサービスに関して、マスコミ等から企業における個人に関する情報の利用方法の在り方が問われ、個人情報保護委員会からも勧告や指導がなされ、2020年度の改正個人情報保護法において「違法又は不当な行為を助長し、又は誘発するおそれがある方法」での個人情報の利用が禁止されるに至ったところからも、社会におけるプライバシーに対する意識の変化はすでに生じているものと思われる。

　企業が提供するサービスにおいて個人データをビジネス利用する場合には、社会に当該サービスを評価して受け入れてもらえる

ことがビジネス上は重要であり、法規制や上記の裁判例における
プライバシー侵害に抵触していなければ問題はないという考え方
はやめるべきである。

⑤　情報化に伴うプライバシーの概念の変化

　グローバルに見れば、日本とは異なり、情報化の進展に伴って
プライバシーの概念も大きく変化している。

　1960年以降の高度情報化社会の急速な発展によって、自己に
関する情報が自身の知らない間に第三者から取得されて利用され
るようになり、プライバシーの権利は、情報を取られることを遮
断する消極的な権利だけではなく、取得された情報についての取
扱いについて一定の請求を行うという積極的な権利として理解さ
れるようになった。

　海外においては、コロンビア大学の Alan F. Westin 教授
が1967年に発表した『プライバシーと自由』（Privacy and
Freedom）において、プライバシー権に関して「個人、グループ
又は組織が、自己に関する情報を、いつ、どのように、また、ど
の程度他人に伝えるかを自ら決定できる権利である」と説明され、
また、ニューヨーク大学法科大学院の Arthur R. Miller 教授が
1971年に発表した『The Assault on Privacy』においては、プ
ライバシー権に関して「自己に関する情報の流れをコントロール
する個人の能力」と説明されている。このように、海外では高度
情報化社会の進展の初期の段階から、個人情報の流通に対する本
人の関与が意識されていたわけである。

　他方、日本においても上記の見解が紹介されて同様に学説上の
議論はなされていたが、法制度として保有個人データに対する本
人の開示等の請求の手続が定められたのは個人情報保護法が制定

された2003年で、保有個人データの開示等の請求が裁判上も行使できる請求権であると明確に規定されたのは2017年の個人情報保護法の改正である。

このように、日本において、（まだ限定的ではあるものの）自己に関する情報コントロール権を具体化するような法制度が導入されたのはごく最近のことである。

6 データ時代における法規制の方向性

情報化がさらに進んだ現代においては、プラットフォーマーといわれる巨大IT企業の提供するサービスやSNS等の利用において、個人に関するデータは、その情報を発信または提供した本人ですら、データ利活用ができるような形で集積して保有しておらず、むしろサービス提供事業者のクラウドサーバ内にのみ蓄積され、マーケティング等の目的で利用されている。本人の立場からみれば、個人に関するデータは特定のプラットフォーマーに取り上げられている状態にあり、それゆえに他のサービスに乗り換えることも困難な状況に置かれている。

たとえば、SNSで自身の行動履歴となる位置情報、移動履歴、写真やコメント等を、スマートフォンを通じて継続的に長期間にわたってアップロードしている場合に、そのユーザのスマートフォンには、断片的に情報が保存されているかもしれないが、SNSで表示されるような時系列で体系的にデータ管理されているわけではない。本人が他のSNSに乗り換えようと思っても、スマートフォンの中から過去にアップロードしたデータを探して、遡って他のSNSにアップロードするというのは、利用期間が長ければ長いほど現実的ではなくなる。

現代においては、個人に関するデータの利活用には、システム

において利用可能な形式で集積されていることが前提となっており、たとえば紙媒体での記録された情報はシステムにおいて読み込ませて利活用することができないため、実質的に利活用できない情報となる。

　このように、単に個人に関する情報の流通を本人がコントロールするだけではなく、プラットフォーマー等によって囲い込まれている自己に関するデータをシステムにおいて利用可能な形式で本人が取り戻すことを請求できる権利、または他のシステムに自己に関するデータを移行させる権利が保障されなければ、個人が自由にプラットフォームを選択して自己のデータを利活用することができないため、実質的に本人が自己に関するデータをコントロールできていることにはならない。

　このような観点から、欧州では、EU一般データ保護規則（GDPR）において、「**データポータビリティの権利**」として「自己が管理者に対して提供した自己と関係する個人データを、構造化され、一般的に利用され機械可読性のある形式で受け取る権利」と「その個人データの提供を受けた管理者から妨げられることなく、別の管理者に対し、それらの個人データを移行する権利」（20条）がすでに創設されている。これによって、特定のプラットフォーマーに囲い込まれている自己に関するデータを本人が自由に利活用することができ、データ取引市場においても本人の判断に基づいて個人データが適切に流通する基礎が形成されることになる。

　日本においても、2020年度の改正個人情報保護法において、開示等の請求において、保有個人データの開示方法として、データの形式による開示を指定できる制度が導入されている（**第19講**③参照）。

以上のように、日本の裁判例におけるプライバシーの概念はいまだに変更されているわけではないが、個人情報保護法やその背景にある社会一般の常識はすでに新たなプライバシーの概念に基づいて構築・運用されている。

　そして、「ニューノーマル（新常態）」においては、個人データの拡大に伴ってビジネス利用がさらに促進され、個人の外形的な行動履歴データを分析して個人の内心を予測するといった利用方法が拡大・普及することが想定される。それによって、個人データのビジネス利用の際には、さらにプライバシーへの配慮が問われることになることになる（**第10講**⑥参照）。

　具体的には、欧州の GDPR においてはすでに導入されている、プロファイリングやダイレクトマーケティングに対する異議を述べる権利や個人に対する自動化された意思決定の対象とされない権利といった、さらに新たなプライバシーの概念に基づく法規制が日本においても検討されることになっていくと思われる（**第5講**⑧参照）。

グローバルな個人データの
ビジネス利用に対する主要国の思惑

① データローカライゼーション

　企業における事業活動がグローバル化し、国境を越えて多くの
データが流通している一方で、諸外国の一部では、①プライバ
シーの保護、②自国内の産業保護、③安全保障の確保、④法執
行／犯罪捜査などを目的として、越境データ流通を規制する動
き、いわゆる「データローカライゼーション」に関する法制度の
制定・施行が進行しているとされる（平成29年度情報通信白書90
頁）。

　「データローカライゼーション」とは、インターネット上の
サービス等について、当該サービスを実行する物理的なサーバは
サービスを提供する国内で運用しなければならない、すなわち
サービス提供に必要なデータはすべて当該国内に存在しなければ
ならないという考え方に基づくルールである。

　このような動きは、データ（ビッグデータ）の価値に対する各
国の意識の現れであると思われる。

　インターネット利用の増大とIoTの普及により、さまざまな
人・モノ・組織がネットワークにつながることに伴い、大量のデ
ジタルデータ（ビッグデータ）の生成、収集、蓄積が進みつつあ
る。それらデータのAI（人工知能）による分析結果を、業務処理
の効率化や予測精度の向上、最適なアドバイスの提供、効率的な

（データローカライゼーションの例）

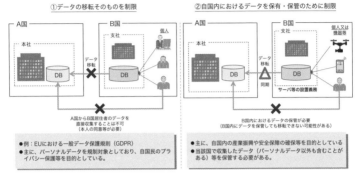

出典：三菱総合研究所「安心・安全なデータ流通・利活用に関する調査研究」
（2017年3月）

機械の制御などに活用することで、現実世界において新たな価値
創造につなげることができるといわれる（平成30年度情報通信白
書3頁）。

このような「21世紀の石油」ともいわれる価値のあるビッグ
データを、自国に囲い込んで、自国の産業の発展につなげようと
各国が考えるのは自然な流れである。

② EU（欧州）の動向〜EU 一般データ保護規則（GDPR）の目的

現在、ビッグデータをビジネス利用しているのは、米国の大手
IT企業が中心であり、米国に対するデータの流入が最も多いの
は、欧州である。

また、総務省による調査においても、各国企業における国外へ
のデータ提供状況についてみてみると、英国企業およびドイツ企
業の約70%、米国企業の約60%、日本企業の約40%が現在越境
のデータ提供を行っていると回答しており、特に欧州の企業に

よる国外へのデータ提供が多い状況がうかがえるとの指摘もある（三菱総合研究所「第４次産業革命における産業構造分析とIoT・AI等の進展に係る現状及び課題に関する調査研究並びに安心・安全なデータ流通・利活用に関する調査研究報告書（企業向け国際アンケート）」）。

　上記のような状況にある、欧州は、2016年4月27日に「EU一般データの保護規則（General Data Protection Regulation, GDPR）」を採択し、2018年5月25日から発効している。

　GDPRは、急速なICTの進歩およびグローバル化の進展への対応を目的の１つとしており、具体的には、データの共有・収集の規模の劇的な拡大への対応と、オンライン環境における信頼性の確保を目的としている。前記のような、ビッグデータの拡大とAIによるその分析が、現実世界における新たな価値創造につながるという理解を前提として、EEA（欧州経済領域）域内（以下ではGDPRの表記に合わせて「EU域内」とする。）におけるデータ流通を促進させることを目的としているのである。

　まず、GDPRの特徴としては、違反に対する多額の制裁金が挙げられる。たとえば、EU域外へのパーソナルデータの移転規制に違反した場合には、2,000万ユーロ（約24億円程度）または違反した事業者の全世界の年間総売上の4％のいずれか高い方の金額を上限とした制裁金が科されることになる。

　このような多額の制裁金が設定されたのは、米国の大手IT企業をはじめとする大企業を対象として考えた場合には、その程度の規模の金額でなければ実質的な制裁にならないからである。

　実際に多額の制裁金が科された事例としては、フランスにおいて、グーグルのターゲティング広告等について、ユーザの同意取得が無効である等の違反を理由に5,000万ユーロ（約62億円）

の制裁金が科され、イギリスにおいては、ブリティッシュ・エアウェイズに対し、顧客50万人分の個人データの漏洩を理由に1億8,300万ポンド（約246億円：同社の年間世界収益の1.5%）の制裁金を、マリオット・インターナショナルについては、全世界の宿泊者記録3億3,900万件の流出を理由に9,900万ポンド（約133億円）の制裁金が科された事例がある。他方で、数万ユーロから数千ユーロ（数百万円〜数十万円）の制裁金が科された事案もあり、違反した事業者の事業規模等に合わせて検討されているものと思われる。

　このような多額の制裁金を科されるリスクを考えると、EU域外にある企業であっても、特にグローバルな取引を行う場合には、GDPRによる規制の遵守を意識せざるを得ず、EU域内にいるデータ主体（個人）のパーソナルデータを含むデータに対しては特別な取扱いをせざるを得なくなる。これがEUの1つの狙いであると思われる。

　次に、GDPRにおいては、パーソナルデータの移転規制が挙げられる。まず、EU域内の事業者がEU域外の事業者に対して、EUの域内にいるデータ主体のパーソナルデータを移転させる場合には、EU域内の事業者において、データを受ける事業者に対し、GDPRに一定の範囲で準拠した取扱いを義務づける標準データ保護条項（Standard Data Protection Clauses:SDPC、EUデータ保護指令下では標準契約条項（SCC））を締結させ、遵守させること等の対応が求められる。これによって、EU域外における事業者も一定の範囲でGDPRの規制に対応せざるを得なくなる。

　また、EU域外にある事業者が、EU域内にいるデータ主体に対して、有償・無償を問わず、物品・サービスの提供やモニタリ

ングを行う場合において、EU域内にいるデータ主体のパーソナルデータを取り扱うと、GDPRが域外適用され、その遵守が求められるという域外適用の規制がなされている。そして、このようなEU域外にある事業者にはEU域内に代理人を設置することが求められ、この義務に違反した場合には、1,000万ユーロまたは全世界の年間総売上の2％のいずれか高い方の金額を上限とした制裁金が科されることになる。

　なお、日本において域外適用が問題となったものとしては、海外向けホテル予約サイトを運営するFastBooking（フランスのパリの事業者）に対する不正アクセスによって、同サイトを利用して海外からの予約を受け付けていた日本国内の宿泊施設にGDPRが域外適用されるかが問題となった事例があり（**第11講④参照**）、海外の個人を顧客とする事業においてオンラインを利用する事業者は、EU域内の他社サービスを利用する場合でも域外適用に注意が必要である。

　以上のように、GDPRは、EU域外にある事業者をもターゲットとして厳しい規制を設けているが、その狙いとしては、EU域外にある事業者がEU域内からパーソナルデータを移転する場合には、そのパーソナルデータを含むデータベースに対してはGDPRによる、または準拠した規制を遵守することが義務づけられることになるため、管理コストの観点からは、EU域内にあるデータ主体のパーソナルデータは、他国の個人情報を含むデータベースと合体させずに分けてEU域内で管理する方が、コストメリットがあることになる。

　また、多額の制裁金等を想定すると、制裁金リスクの回避の観点からは、EU域内のパーソナルデータをEU域内の独立した事業主体において管理させる方が、域外における本社が直接管理す

るよりも影響を受けにくいことになる。

　そのような結果として、GDPRは、EU域外の事業者によって、EU域内のデータ主体のパーソナルデータがEU域外に流出することに対する障壁となり、データローカライゼーションにつながることになるわけである。

　また、GDPRにおいては、プライバシー影響評価やプライバシーバイデザイン、データ侵害時の侵害通知の期限等のEU域外の各国において採用されている規制を多数取り込んでおり、パーソナルデータに対する最先端の規制になっている。その結果、GDPRは他国よりも厳しい規制であるため、各国がデータローカライゼーション政策に基づいて、移転規制を講じている中において、EU域内から他国へのデータ流出は、保護レベルが十分ではないとして規制しやすい一方で、EU域内へのデータ流入については、GDPRによる保護レベルが高いとして他国からの規制を受けにくいことになる。

　このように、EUは、GDPRによって厳格なパーソナルデータの保護規制を設けることで、EU域内からのパーソナルデータの流出を防ぐ一方で、他国からの流入は促進させる立場を確保しようとしているといえる。

③　米国の動向〜GAFA等のプラットフォーマーによるデータの独占

　米国においては、現在ではデータが集積しているため、米国全体としては積極的にパーソナルデータに対する規制を強化する方向にはないと思われる。

　過去にも、2015年に政府から消費者プライバシー権利章典の草案が公表され、それまでの民間部門におけるセクトラル方式と

いわれる、分野ごとにそれに合わせたプライバシー規制を行うという方式から、プライバシー規制に関する一般法を制定する方向になったものの、現時点においても成立するには至っていない。

他方で、米国の大手IT企業が集まっているカリフォルニア州においては、カリフォルニア州消費者プライバシー法2018年（California Consumer Privacy Act of 2018, CCPA）が成立し、2020年1月から施行されている。

もっとも、CCPAは、州政府主導で立法化されたものではなく、カリフォルニア州の市民による市民運動に端を発したもので、州政府としてはそれに応じて法案を提出した立法経緯がある。CCPAによる規制は、事業者によるパーソナルデータの取扱いに対して厳しい規制を課すGDPRとは方向性が異なるものであり、本人からの開示請求権や消去請求権、オプトアウト権等のパーソナルデータに対する個人の自己情報コントロール権を強化するものが中心である。

このように、米国においては、パーソナルデータを含めたビッグデータが集中しており、実務においては、米国の大手IT企業も、海外からのデータ規制や社会的な批判を受けて、パーソナルデータの取扱いに対する信頼の重要性を意識して独自にプライバシーへの配慮を行ってきている現状がある。

そのため、米国においては、データローカライゼーションの観点からは特に現状に対して問題があるわけではないため、一般法によって一律的に規制するのではなく、引き続き企業の自主規制に委ねるという姿勢は変わらないように思われる。

④　中国の動向〜個人情報保護法成立に向けた動き

中国においては、中国国内のパーソナルデータは中国国内に

データを保有・保管することを正面から義務づけており、積極的にデータローカライゼーションを推し進めているところである。

　2017年6月に中国で施行された、サイバーセキュリティ法（中華人民共和国網絡安全法）37条においては、国の安全や国民経済と民生、公共の利益に与える影響が大きいと指定される重要情報インフラ運営者が中華人民共和国の国内での運営において収集、発生させた個人情報および重要データは、国内で保存しなければならないとされており、保有する個人情報および重要データを中国国外に移転するにあたっては、国が定める基準に従い安全評価を行わなければならないことが定められている。また、重要情報インフラ運営者が、上記の安全評価を行わずに個人情報および重要データを国外に保管・提供すれば、是正命令・警告、違法所得の没収、50万元以下の制裁金を科し、関連業務の一時停止・ウェブサイトの閉鎖、関連業務許可証等の取消しを受けるおそれがあり、強力な制裁が予定されている。

　また、2019年6月に、ネットワーク運営者は、中国国内の運営において収集した個人情報を国外に移転する場合、国が定める基準に従い安全評価を行わなければならず、国家の安全に影響を及ぼし、公的な利益を損ない、または個人情報の安全を有効に保障することが困難と評価される場合、個人情報は国外に移転してはならない旨を定めた「個人情報及び重要データの国外移転安全評価管理弁法」のパブリックコメントが募集されている。これのような法制が導入されれば、重要情報インフラ運営者以外のネットワーク運営者にも広く中国国外へのパーソナルデータの移転規制が拡大することになる。

　さらに、2020年10月には、個人情報の海外への移転を規制する個人情報保護法の草案が公表されており、収集した個人情報を

海外に移転する場合は、国の関連部門の審査を求める。違反すれば最高で5,000万元（約8億円）、または前年の売上高の5％の罰金を科すとされている。

　このように、中国は、中国企業の排斥を進める米国政府との対立関係を背景に、さらにデータローカライゼーションを推進する方向に進んでいるといえる。

⑤ 日本の動向〜反データローカライゼーションの オープン化路線

　日本においては、2015年度の改正個人情報保護法によって、外国にある第三者への提供についての規制（法24条）が導入されており、域外移転の規制が行われている。

　日本の国内事業者が日本国内で取得した個人データを外国事業者に販売する場合が典型的な事例であるが、この規制の留意点としては、日本国外に個人データを移転する行為自体ではなく、日本国外にある第三者への移転を規制するものである点である。

　たとえば、日本国内にある事業者が外国に設置したサーバで、日本国内で取得した個人データを取り扱う場合には、個人データは外国に移転するが、この規制の対象にはならない。この場合には、日本国内にある事業者には日本の個人情報保護法が適用されるため、この事業者が外国に設置されたサーバでも同法に基づく適切な管理が義務づけられるからである。

　他方で、日本国内にある事業者が、外国に設置されたサーバにて運営される外国事業者のASPサービスを利用して、日本国内で取得した個人データの取扱いを行う場合には、上記の移転規制の対象となりうる。当該ASPサービスを提供する外国事業者には日本の個人情報保護法が適用されないため、そのサービス内に

おいて適切に個人データが管理されないおそれがあるからである。

　なお、外国にある第三者への移転については、国内における個人データの第三者提供の制限と異なり、委託・事業譲渡・共同利用による提供も規制対象に含まれるとされており、原則として本人の同意を取得する等の義務がある点は注意が必要である。外国事業者である委託先において適切な管理が行われないおそれがあるため、本人にその選択をする機会を与えている。

　さらに、外国事業者が運営するオンラインサービスを利用する場合であっても、サーバは日本国内にあり、当該サーバに保存された個人データを日本国内で取り扱っていると認められる場合には、当該サーバの運営事業者は個人情報取扱事業者に該当するため、外国にある第三者への提供に該当しない（個人情報保護委員会が公表する「個人情報の保護に関する法律についてのガイドライン」及び「個人データ漏えい等の事案が発生した場合等の対応について」に関するQ&A（ガイドラインに関するQ&A）のQ9-6）。したがって、外国事業者のオンラインサービスを利用する場合でもサーバが国内にある場合には規制の対象外となるので、この点も注意が必要である。

　もっとも、前記の各国のデータローカライゼーション政策によって、本人による個人データの消去の請求に越境移転先の事業者が対応することができないおそれや、外国政府による無制限なガバメント・アクセスによって、日本国内で取得され越境移転された個人データが不適切に利用されるおそれがある。

　そこで、2020年度の改正個人情報保護法においては、本人に対する情報提供を強化するため、移転元の事業者において、本人の同意を根拠に移転する場合は、移転先国の名称や個人情報の保護に関する制度の有無を含む移転先事業者における個人情報の取

扱いに関する本人への情報提供を行うことを義務づけている。

　また、現行の個人情報保護法においても外国事業者に対する域外適用（法75条）について定められており、外国において個人情報または当該個人情報を用いて作成した匿名加工情報を取り扱う個人情報取扱事業者は、国内にある者に対する物品または役務の提供に関連して、その者を本人とする個人情報を取得した場合には適用対象とされる。もっとも、報告徴収および立入検査ならびに命令に関する規定は外国事業者に適用されず、域外適用の対象となる外国事業者に行使できる権限は、指導および助言ならびに勧告のような強制力を伴わない権限にとどまっていた。

　しかしながら、2020年度の改正個人情報保護法によって、国内事業者と外国事業者との公平性の観点から、外国事業者にも罰則によって担保された報告徴収および命令の対象とする旨の改正がなされている。

　さらに、日本における個人情報保護法違反に対する制裁については、命令違反等に対する罰金が定められているが、いずれも数十万円の低額なものに止まっており、直接違反行為自体に罰則が科されるものは、データベース等不正提供罪のみであった。

　2020年度の改正個人情報保護法によって、制裁が強化され、個人情報保護委員会による命令に対する違反の罰金の上限額が50万円から100万円に引き上げられ、虚偽報告の罰金も上限額が30万円から50万円に引き上げられた。また、データベース等不正提供罪や命令違反において法人も罰する場合の罰金の上限額が50万円または30万円から1億円に引き上げられた。もっとも、外国における制裁金と比べると低廉な金額にとどまっているといわざるを得ない。

　以上のように、日本においても、移転規制および域外適用は

なされているものの、データローカライゼーションに対しては、「デジタル時代の新たなIT政策大綱」（令和元年6月7日IT総合戦略本部決定）において、「データ」を安全・安心に、自由に活用できる国際的な環境を作るという「国際データ流通網」の実現を提言している。

　具体的には、デジタル時代の競争力の源泉であり、「21世紀の石油」と呼ばれているデータは、特定の国が抱え込むのではなく、プライバシーやセキュリティ・知的財産などのデータの安全を確保しながら、原則として国内外において自由に流通することが必要であるとしており、プライバシーやセキュリティ・知的財産権に関する信頼を確保しながら、ビジネスや社会課題の解決に有益なデータが国境を意識することなく自由に行き来する、国際的に自由なデータ流通の促進を目指すというオープン化路線を打ち出している。

　主要国ないし地域において、データローカライゼーション政策が推し進められている中では、異質な方向性を取っており、具体的にはEUとの間で、2019年1月に相互認証を締結し、GDPRの十分性認定を受けることで、EU域内にある個人データを日本に移転することが容易になったが、他方で、実態としてEUから日本に個人データが移転しているかというと、そのような現状にはないと思われる。

　今後、個人データの利活用がグローバルに拡大していく中で、日本の企業も個人データを巡るグローバル競争にさらされていくことになる。そのような中で果たして日本のオープン化路線によって、今後、日本国内に個人データがビッグデータとして集積していくのかについては疑問もあるところである。

　個人データの利活用については、現状においても、GAFAを

はじめとしたプラットフォーマーによる個人データの利用に対して批判が強まっていることからみても、今後は個人データを提供する個人からの信頼を獲得することがビジネス利用の前提として求められることは確かであり、各国の政策も重要であるが、それをビジネスで取り扱う事業者がその価値を理解して積極的に個人からの信頼獲得に取り組むことが求められる（**第19講**⑥参照）。

第3講
個人データの取扱いにおけるリスク評価

① 個人データのビジネス利用は、原則違法か適法か

　情報は、民法においては無体物として所有権や占有権の対象とはされておらず（民法85条）、特許権や著作権等の特別に法律が定める類型の情報については特定の者に独占を認めるものの、その他の情報は自由に利用できると理解されている。

　顧客名簿は、1990年度の改正不正競争防止法によって事業者の営業秘密としては法的に保護されることになったが、2003年に個人情報保護法が成立するまでは、本人の自己情報に対する権利・利益は法律では明文化されておらず、憲法上の人権（憲法13条）としてのプライバシーの権利として保護されるにとどまっていた。なお、ここでいうプライバシーの権利とは、裁判例が認める**「私生活をみだりに公開されないという法的保障ないし権利」**という範囲に限られたものである。

　このように、我が国においては、少なくとも個人情報保護法が成立する以前は、法律家は別として社会一般においては、個人情報は取得した事業者のものであって、本人の**自己情報コントロール権**の対象という意識は乏しかったところであり、個人データのビジネス利用は、原則適法であると理解されていたと思われる。2005年に個人情報保護法が施行されるまでは、高額納税者公示制度によって、本人の同意を得ることなく、いわゆる長者番付と

して、本人の意思にかかわらず個人の所得金額が公表されていたところである。

　欧米のようなプライバシーの権利を自己情報コントロール権と構成する地域においては、他人が個人に関する情報を無断で利用すること自体が、当該個人の自己情報コントロール権を侵害しており、原則違法であるという捉え方がされているのとは対照的である。

② 日本の個人情報保護法は何を守るものなのか

　我が国においても2003年5月23日に個人情報保護法が成立し、2005年4月1日から全面施行されたが、国内における背景事情としては、①住民基本台帳ネットワークの導入（2002年稼働）と②個人情報大量漏洩事件の増加があったとされる。

　情報通信技術の普及が進む中で、事業者等の保有する大量の個人の名簿データベースが電子媒体を用いることで容易に盗まれ、名簿販売業者等に持ち込まれて売買取引の対象とされるようになっていた。

　たとえば、京都府の宇治市から乳幼児検診システムの開発業務を受託していた民間業者のアルバイト社員が、同市が管理する住民基本台帳データ約21万7千人分のデータをMO（光磁気ディスク）に不正コピーして、1998年4月から5月ころに名簿販売業者に販売し、さらに名簿販売業者がウェブサイトでデータを販売した事案などが発生していた（大阪高判平成13・12・25判自265号1頁、最終的に最高裁判所にて確定）。

　その他に民間事業者においても、1999年から2000年にかけて、デパートの会員名簿約38万件が信用調査会社に売却される事案や証券会社の顧客データ1万1千件が名簿業者に流出する

事案等の数万から数十万件の顧客情報が名簿販売業者に持ち込まれ、不正に売買される事例が増加していた（園部逸夫＝藤原静雄編『個人情報保護法の解説〔第二次改訂版〕』（ぎょうせい、2018）6頁）。また、インターネットの拡大によってオンラインでの手続が増えてきたことにより、懸賞応募者、インターネット会員や就職希望者等の大量の個人情報がデータで管理されるようになり、設定のミスや操作ミスによって誤って大量の個人データがインターネット上に流出してしまう事案も増えてきていた。

　このように、情報通信技術の普及によって、大量の個人情報のデジタル管理が容易に可能となり、大量のデータの持ち出しやその後のデジタルでの名簿としての二次利用も容易になった結果、個人情報のデータベースが名簿として売買の対象となり、転売目的で狙われるようになっていた。

　そして、当時は、名簿売却等の悪質な漏洩事案が発生した場合には、漏洩の対象となった被害者が集団で事業者を相手方として、プライバシー侵害を理由に慰謝料請求訴訟を裁判所に提起するようなことも行われていた。

　しかしながら、漏洩後になって被害者に事後的に裁判で事業者の責任追及をさせるよりも、本来は国が事業者に対し、漏洩等を防止するために適正な情報管理をさせるように事前に規制すべきであるということで、個人情報保護法が成立したのである。

　そのような沿革から、日本の個人情報保護法は、**基本的には事業者の保有する個人の名簿データベースを保護**することを内容としている。

　具体的には、漏洩、滅失または毀損を防止するための安全管理措置（法20条）や従業者の監督（法21条）、委託先の監督（法22条）、第三者提供の制限（法23条）の情報管理と提供に関する規

制が対象とする情報は、あくまで個人情報データベース等を構成する「個人データ」であって「個人情報」とはされていない。

　また、2015年度の改正個人情報保護法によって廃止されたが、取り扱う個人情報が5,000人以下の小規模取扱事業者は、取り扱う個人情報の量および利用方法からみて個人の権利利益を害するおそれが少ないものとして、個人情報の取扱いに対する義務を負う「個人情報取扱事業者」から除外されていたのも、そのような考え方の表れといえる。なお、このような事業者が取り扱う名簿データベースの構成規模に着目した適用除外は日本独自のものであり、日本における個人情報保護制度の特殊性を示すものである。

　そもそも事業者が個人情報をデータベース化して検索可能な形で保有するのは、まさに個人情報をビジネス利用することを意図しており、それによって収益を得ることを見込んでいるからである。事業者がそのような名簿データベースから利益を享受する以上は、そのデータベースの安全管理等のためのコストも負担させることは非常に合理的である。

　しかしながら、事業者からは、送付書類やメールのダブルチェックによって業務効率が大きく低下しているとか、多大なシステム導入コストが生じるといった不満の声を聞くことも多く、また、法律上最低限度としては何をしておけばよいのかと聞かれることも多い（**第13講3**参照）。

　実際に個人情報保護法が求めていることは、まずは不正な売買の対象となり得るような名簿データベースを安全に管理することであり、その上で、そのデータベースを利用する業務において、個人データの取得、利用、保存、提供、削除・廃棄等の段階ごとに、個人データの漏洩等のリスクを評価して、それを防止するための取扱方法を整備していくことである（個人情報保護委員会が

公表する「個人情報の保護に関する法律についてのガイドライン（通則編）」（ガイドライン（通則編））86頁以降の「（別添）講ずべき安全管理措置の内容」参照）。個人データを渡した本人の立場からみれば、それを利用して収益を上げている事業者が当然に負うべき責任であると捉えるは自然なことである。

事業者の不満の大半は、事業者の不正確な理解に基づく過剰反応によるものであるか、収益につながるわけでもない個人情報を、いつか使えるかもしれないと考えて、とりあえずデータベース化して保有しているか、あるいは個人データは事業者のものであると捉えて、本人のプライバシーに対する配慮の意識を持ち合わせていないかのいずれかに起因するものであると思われる。

③ 「個人データ」の範囲はデータベースに限られない

個人情報保護法は、前記のとおり、個々の「個人情報」を安全に管理することを求めているわけではないが、実務においては「個人データ」の範囲について注意が必要である。

「個人データ」は、個人の名簿データベース（個人情報データベース等）を構成している個人情報であるが、この名簿データベースから帳票類に出力されたデータも「個人データ」であることに変わりはなく、特定の1人のデータを出力したとしても「個人データ」としての保護の対象となる（ガイドライン（通則編）18頁）。

たとえば、顧客から懸賞応募はがきが送られてきた場合に、その1枚のはがきは個人情報であって、個人データではない。そのはがきに記載された氏名等が顧客管理システムのデータベースに入力された時点で、個人データとなる。さらにそのシステムから特定の1人の氏名等をプリントアウトして出力した宛名ラベルは、

個人情報に戻るのではなく個人データのままである。

　送られてきた1枚の懸賞応募はがきに記載された氏名等の情報とシステムから出力された1枚の宛名ラベルの氏名等の情報がまったく同じであったとしても、前者は「個人情報」であり、後者は「個人データ」となる。よって、前者は安全管理措置の対象にならないため、そのまま廃棄しても安全管理措置が不十分ということにはならないが、後者はシュレッダー等で裁断廃棄しないと不十分とみられるおそれがある。

　記載された情報は同じなのに義務内容が異なるという意味で一見不合理なようにも思われるが、たとえば個人情報データベース等に10万件のデータが保存されている場合に、そのうちの5万件をデータ抽出したら、そのデータも個人データとして保護すべき対象と捉えるべきと考えるのが自然であろう。これが1件であれば個人情報であって安全管理措置を講じなくてよく、2件であれば個人データであって措置を講じなければならないと考えると、それも不合理であるから、出力されたデータも一律に個人データとするわけである。

　個人情報を集約して個人情報データベース等にして事業に利用している場合には、それを用いた業務において漏洩等の防止を講じるべきであるから、データベースから出力されたものは1件でも「個人データ」としての安全管理が求められると考えるのが合理的である。ただ、実際の業務におけるリスク評価としては、1件の出力データと5万件の出力データでは、漏洩時の影響度や不正な売買等の目的で狙われるリスクは大きく異なることから、それぞれのデータを取り扱う業務ごとに求められる安全管理措置の内容やレベルは異なるのが通常である。

　しかしながら、多くの事業者においては、1件の個人データと

数万件の個人データの取扱いについて一律に同じ内容の安全管理措置を講じることを求めるような取扱ルールが策定され、現場においては数件の個人データの取扱いに対しても過度な確認作業が要請されている。他方で、現場では作業効率化のプロセスの中で無駄な作業として省略されたりして取扱ルールは守られなくなり、本来注意すべき大量の個人データを取り扱う業務でも杜撰な管理が行われて、最終的に大量の個人データの漏洩事故が引き起こされることになる。

④ 「個人情報」の取扱いを規制する意味

　名簿データベースを保護することを目的とするのであれば、特定の1人に関する情報である「個人情報」の取扱いを規制する必要はないとも思われるが、個人情報に対しても、利用目的の特定、通知・公表、目的外利用の禁止、適正取得等の規制がされている。これらの規制は、いずれも個人情報を取得する場面におけるものである。

　個人情報がデータベースに組み込まれて個人データになるのは、あくまで事業者に取得された後であり、個人情報の取得の段階においては、取得後に事業者においてデータベースに組み込まれるか否かは分からないため、取得する場面の規制については「個人データ」を保護の対象とすることはできず、「個人情報」を対象とするほかないのである。

　なお、事業者がデータベースにする予定で取得する個人情報についてのみを規制するということも考えられるが、事業者としては取得当初はデータベースに組み込むつもりはなかったものの、事後的にデータベースに組み込もうと思った場合には、取得時の規制がまったくかからなくなってしまうため、制度設計上は、事

業者の取得時の主観を問わず、「個人情報」を保護の対象とするほかないと思われる。

事業者においてメールやFAXの誤送信について漏洩事故として従業者に厳重に注意喚起している例もよく見受けられるが、上記のとおり、個人情報保護法において本来的に保護しようとしているのは、個別の「個人情報」ではなく、個人情報が集積した名簿データベースであることからすれば、実態としては「個人情報」と変わらない1件の「個人データ」の漏洩をあまりに重く評価するのは妥当でない。逆に、本来、厳重に管理されるべき名簿データベースについては、業務効率を優先してアクセス制限等の安全管理措置が適切に運用できていない事業者も存在するが、個人情報保護法の本来的な目的との関係では本末転倒であり、リスク評価のバランス感覚がおかしいと言わざるを得ない。

情報管理におけるリスク評価が上記の個人情報保護法の考え方に沿って適切に行えているかを再度検討すべきである。

⑤ プライバシーの権利への抵触に対する配慮も忘れない

欧米においては、プライバシーの権利を自己情報コントロール権として捉えるため、個人情報の取扱いに対する規制は上記権利に基づくものと理解されるが、日本においては、前記のとおり、個人情報保護法は、基本的に事業者の保有する個人の名簿データベースを保護するものであって、裁判実務におけるプライバシーの権利を具体化したものではないため、その保護対象の相違から不整合が生じうる。

前記のとおり、事前規制としての個人情報保護法においては「個人データ」、事後的な慰謝料請求事件においては「プライバ

シーの権利」と別の概念で保護の対象を画することになっており、個人データのビジネス利用を考える場合には、**個人情報保護法による行為規制への対応とプライバシーの権利の侵害への配慮の両側面から検討**することが求められることになる。

　そして、個人情報保護法に準拠していればプライバシー侵害にはならないと誤解しないように注意が必要である。

　たとえば、病院で患者のカルテ情報は適正に管理されていたが、アルバイト従業者が、勤務先の病院に特定の著名人が特定の疾患で診察を受けにきたと、個人的に運用するSNSのアカウントで一般に公開する形で発信した場合については、病院としては情報管理や当該従業者に対する研修教育等を実施していれば個人情報保護法上は問題がなかったかもしれないが、民法上はプライバシー侵害で使用者責任（民法715条）を追及され、裁判例において使用者による被用者の選任監督についての相当の注意による免責（民法715条1項但書）がほぼ認められていない実態からすれば、民事上の責任はほぼ免れないと思われる。

　そのような意味では、個人情報保護法に準拠していれば法的に責任を負うことはないという考え方は誤りであり、プライバシー侵害リスクのレベルに応じた配慮、たとえば上記のような事例の場合に、著名人の診察の際には、組織への帰属意識が比較的低いアルバイト従業者等を診察室には入れないといった工夫が求められるところである。

第4講
個人データのビジネス利用の
問題の特殊性

① 個人に関するデータの利用形態の変化

　個人に関するデータの利用形態はICT技術の進歩とともに急速に形を変えてきている。

　従来型の個人に関するデータの利用形態としては、個人の氏名や住所等の連絡先情報を集約した顧客名簿として、個人に対するダイレクトメールの発送、電話営業、広告メールやメールマガジンの送信等のための利用が挙げられる。これらの利用はいわゆる見込客の連絡先のリストとしての利用であり、個人情報保護法が初めて成立した2003年当時においてはまだ主たる利用方法であったと思われる。

　その後、インターネットの普及・拡大を受けて、オンライン広告配信の重要性が高まり、Webマーケティングにおける個人のアクセス履歴の利用が拡大するようになった。たとえば、オンライン広告配信事業者が広告配信サーバで利用者のブラウザのCookieから、どのようなサイトを訪問したか等のアクセス履歴をトラッキングし、利用者が関心・興味を持ちそうな広告を配信する**行動ターゲティング広告**である。

　このような利用形態は、ウェブサイトの利用者の行動や関心・興味を推測するために個人に関するデータを収集・分析するという点で、従来型の単なる連絡先リストとしての個人情報の利用と

は質的に異なったものである。このような個人の外形的な行動履歴情報から利用者の関心や嗜好等の内心を推測するという利用方法については、自己に関する情報をどのように利用されるかに対する本人の権利意識との関係で、新たな問題を生じさせるものであったといえる。

　ただ、行動ターゲティング広告は、Cookie で利用者の識別を行っており、特定の個人の氏名等を取得しているわけではないため、日本の個人情報保護法においては個人情報の利用には該当しない（**第7講・第9講**参照）。

　その後、Twitter や Facebook 等の個人によるソーシャル・ネットワーキング・サービス（SNS）の普及に伴って、SNS 広告も広まった。SNS を利用しているユーザは、自分の属性情報（居住地域、性別、職業、趣味等）を登録し、また誰とつながりがあるのかも SNS の運営事業者に把握されているところ、それらの個人の属性情報や社会的な人的関係に基づいて詳細な行動分析が可能であることから、SNS 広告は、Cookie を利用した行動ターゲティング広告と比べるとターゲティングの精度が高くなるといわれている。

　もっとも、個人に関するデータの利用形態からみれば、行動ターゲティング広告においては Cookie により利用者が識別されているため、必ずしも個人の氏名等のリアルな世界での個人につながるわけではないが、SNS 広告においては、リアルな世界での個人の特定につながる属性情報等も分析の対象として利用されるという意味で、より個人データとしての利用の側面が強くなっている。なお、実名での利用を前提とした SNS においては、当然のことながら個人データを利用していることになる。

② 分析の対象となる個人に関するデータの拡大

「Web マーケティング」は、当初はインターネットを利用した
オンラインの世界をその対象としていたが、最近のスマートフォ
ンやタブレットの普及に伴い、リアルな世界におけるアプリを利
用した利用履歴・位置情報・移動履歴等の行動履歴や、IoT 機器
に搭載されたセンサーと通信モジュールを通じた活動測定データ
といった情報も収集・分析の対象とする、**デジタルマーケティ
ング**に発展しており、リアルな世界においても個人に関する
データの利用形態が変化してきている。

　また、最近のリアルな世界での取引における履歴情報のデジタ
ルデータ化を背景として、ポイントカードやスマートフォンのポ
イントアプリを通じて、個人を識別して収集されたリアルな店舗
での来店データや購入履歴データといったリアルな世界での活動
測定データも事業者の枠を超えて収集・分析の対象に取り込んで
いく傾向にあり、「デジタルマーケティング」においては、もは
やオンラインとリアルの境界線がなくなっている。

　マーケティングの業界においては、個人の趣味や嗜好が細分化
していることを背景に、顧客「層」ではなく「個」をターゲット
にして、個人に紐付けて当該個人に関するあらゆるデータを集積
して分析することが当然となっている。

　さらに、上記のようなデジタルマーケティングの発展は BtoC
取引のみを前提としたものではなく、BtoB 取引においても重視
されている。

　現代ではあらゆる商材が複雑化しているため、企業における検
討プロセスがトップダウン型から担当者に検討させるボトムアッ
プ型に変わってきており、組織の担当者の興味・関心が重要に

なってきているといわれている。そのような観点から、企業の担当者の興味・関心を分析するために、当該担当者個人の行動履歴を収集して集約することが重要になる。実際にSansan等の社内の名刺を一括管理するクラウドサービスを利用して、社内のシステムと連動させる企業が増えてきている。

③ 第三者の保有する個人に関するデータの利用

　特定の個人をターゲットとしてより精度の高い分析を行うためには、事業者が個人ごとの行動履歴を収集していく中で、自社で収集する行動履歴だけではなく、外部からより多くの履歴情報を収集する必要がある。

　そのような観点から利用が拡大しているのが、**DMP（Data Management Platform）**である。DMPサービスとは、自社のウェブサイトにおける利用者の閲覧履歴等のデータのみならず、外部サイトにおける当該利用者の閲覧履歴等の外部データを収集・統合し、最終的に当該利用者に対する広告配信等の最適化を図るサービスであり、Cookieシンク等により特定の個人に関する閲覧履歴等のデータを名寄せして利用されることが多い（**第9講**③参照）。

　このように、オンラインにおいては、事業者が自ら収集・保有する顧客の属性情報に加えて、自社のウェブサイトにおけるCookieを利用した当該顧客のアクセス履歴をも収集して分析しているだけではなく、さらに、DMPによって非個人情報としてCookieに紐付けて収集された当該顧客の外部サイトにおけるアクセス履歴等の外部データをも統合して収集しており、最終的に事業者において特定の顧客の個人データとして統合され、当該顧客の趣味や嗜好等を分析されているのである。

このように、オンラインにおいては、個人に関するデータは本人が認識している以上に、事業者によって多くの情報が収集されて分析されているのである。

④ AIの利活用による行動履歴に基づく分析

デジタルマーケティングにおいて利用される個人データは増える一方であり、大量の個人データから優良な見込客の絞り込みを行うことは、もはや人力では対応できない状況になっている。

今後、これらの大量のビッグデータ化した個人データから優良な見込客を抽出するためには、人工知能（AI）に頼らざるを得なくなると思われる。

その結果、個人に関するデータは、AIによる分析サービスにおいて、個人の評価を決定するために利用されるようになり、それに伴いAIによる第一次審査の普及に伴う社会的身分の固定化が問題となってくるものと思われる（第5講⑦参照）。

AIによる判断基準となる学習済みモデルは、あくまで過去のデータから得られる傾向を学習した結果であるため、学習対象のデータ量が多くなればなるほど、異なるAIサービス間において判断結果に差はなくなっていく。たとえば、個人のクレジットやキャッシングの利用履歴等に基づき、AIによる与信評価の判断が行われ、その結果に基づいて個人の与信枠が決定されたり、採用募集において履歴書の記載内容や面接における発言内容、SNSにおける発信情報の履歴情報等に基づき、AIによる採用基準への適合度の判断が行われ、その結果に基づいて二次審査への判断が決定されるようになると、自身の過去の外形的な行動履歴が原因となってAIの判断により、自身の行動意図にかかわらず、どの金融機関に行っても融資を受けられなくなったり、どの会社

に行っても二次審査に進めないという状況に陥るおそれがあるということである。

従前よりオンラインにおける行動ターゲティング広告では、広告配信サーバのプログラムによって、配信する広告の選択が自動的に行われているところであり、これがリアルな世界における個人の評価においても行われることは当然の流れであり、上記のような問題が顕在化するのは遠い将来のことではないと思われる。

5　個人に関するデータのビジネス利用にグレーゾーンはなくならない

個人に関するデータの利用形態は、前記のとおり、個人情報保護法が成立した2003年からも大きく変化をしているが、日本の個人情報保護法は、いまだにCookie自体を個人情報とはしておらず、オンラインにおけるCookieを用いた個人識別の問題は残されており、またAIによる分析の普及に伴う社会的身分の固定化の懸念についても手当はなされていない。

このように、今後も法令による規制は、ビジネスにおいて次々と生じる新たな課題に追い付くことはなく、個人データをビジネス利用しようとする事業者は、常にグレーゾーンの領域において自らリスク評価を行ってビジネススキームを構築していかなければならない。

新たな個人データを利用したビジネスを立ち上げる際に、法令等にのみ着目して不適法・違法でないかという観点からのみ検討すると、リスク評価を見誤り、結果としてプライバシーに対する配慮を欠いていると報道されたり、個人情報保護委員会から指導を受けたりして、社会的信用を失墜し、新たなビジネスもサービスとして終了せざるを得なくなることになる。

このような例として、2013年のSuicaの乗降データ提供事案（**第8講**③参照）や2019年のリクナビDMPフォローでの内定辞退率の提供事案（**第9講**④、**第10講**⑦参照）が挙げられる。両事案とも個人情報保護法の改正につながった事案であるが、いずれもグレーゾーンにおけるリスク評価を誤ったことによりサービスの中止や廃止につながった事案であると思われる。

　前者のSuicaデータ提供事案は、日立製作所がJR東日本から提供を受けるSuicaの乗降データに基づいて、駅のマーケティング資料を作成・販売することを発表し、JR東日本から4,400万枚の乗降履歴等の提供したところ、JR東日本が事前に鉄道等の利用者に対して十分な通知を行っていなかったとして問い合わせや苦情が殺到して、データ提供の停止に追い込まれた事案であるが、事後に設置された「Suicaに関するデータの社外への提供についての有識者会議」からは、個人情報の定義における特定の個人の識別性の論点については、専門家の間でも解釈に幅があり、また、現在、法改正が検討されていること等の状況にあるという点が指摘され、事前に十分な説明や周知を行わなかったことなど利用者への配慮が不足していた旨が指摘されている（「Suicaに関するデータの社外への提供について 中間とりまとめ」11〜12頁）。

⑥　個人データのビジネス利用における問題意識の在り方

　新たなビジネススキームの構築においては、法令による規制がないから適法と理解するのではなく、法規制が間に合っていないため違法にはなっていないだけで、グレーゾーンの領域の中においても、社会ではすでにデータの利用方法としては問題視されている、あるいは問題視されるおそれが高い危険領域が存在するこ

とを認識しなければならない。

そして、そのような領域が存在する1つの理由は、社会における本人のプライバシーの権利意識が、すでに個人情報保護法上の権利や裁判実務におけるプライバシーの権利の定義と乖離しているからである（**第1講④参照**）。

個人データのビジネス利用に関するリスク評価として、このような問題意識を持っていなかった事業者は、まずはグレーゾーンにおけるリスクへの向き合い方を改めるところから始める必要がある。

その上で、**グレーゾーンの存在を前提として、社会において受け入れられるサービスにするために本人に対してどのような配慮を行うことが求められるのかを意識**することが重要であると思われる。

第5講
AIでの個人データの利用がビジネスに及ぼす影響

①　AIの利活用の意味を考える

　「AI（Artificial Intelligence）」は、「人工知能」と訳されるが、現状において「AI」や「人工知能」に確立した定義は存在しない（経済産業省「AI・データの利用に関する契約ガイドライン（AI編）」9頁）。

　ビジネスにおけるAIの利活用という場合に、どのような文脈で用いられているかを明確にしなければ、話者によって異なるものを想定しているおそれがある。

　たとえば、炊飯器やロボット掃除機等において「AI搭載」「人工知能搭載」と表記のある商品が存在する。このようなAIは、システムに対して行う操作・調整を人間が介在しないで行う自動制御という意味合いで用いられているものと思われ、最近のAIの文脈でいわれるビッグデータから自動的に一定の規則（ルール）を学習するという意味での「機械学習」を行っているわけではない。一般的に商品に「AI」という文字を付加すると、それだけで高機能であるかのような印象を与えるが、上記のとおり「AI」自体の定義が不明確であるため、景品表示法における優良誤認表示等には抵触しない。その結果、最近のAIブームにあやかろうと、さまざまな商品やサービスに「AI」利用が謳われているため、ビジネスにおけるAIの利活用という意味がますます

多義的なものになっている点には注意が必要である。

　特に、AIによる判断基準の「適用」の問題と判断基準の「学習」の問題は分けて理解する必要がある。AIは、一定の入力データに判断基準を「適用」して一定の結果を出力するが、この判断基準の適用自体は人間が判断基準をコーディングするプログラム（ソフトウェア）と基本的には変わらない。AIは、この適用する判断基準をどのように「作成」するかにおいてプログラムと大きな差異があり、プログラムのように内部設計等において人間が処理フローを定めていくのではなく、AI（機械）がデータから処理フローを自律的に学習して作成する点に特徴がある。

　もっとも、現状のAI利用を謳った商品やサービスに関しては、具体的な判断基準の作成過程に言及されているものは少なく、ユーザが必要なデータを入力すれば判断結果を出力するという判断基準の「適用」のプロセスに関して、人間が介在せずに自動制御で行っている点を強調するものが多い。たとえば、ロボット掃除機の部屋の間取りのマッピングデータ（入力データ）から走行経路（出力結果）を制御するのは、間取りのパターンに対応して事前に作成された走行パターンを選択するという、あらかじめ人が定めた判断基準を「適用」しているに過ぎず、機械学習によって新たな判断基準が「作成」されているわけではない。ただし、判断基準自体を人間が作成するのか、機械がデータから自律的に学習するのかによって、一律にその判断基準の精度に優劣があるという問題でもないため、否定的に評価すべきという意味ではない。

② 　機械学習とディープラーニングの違い

　最近ビジネスで使われているAIの文脈では、いわゆる機械学

習（あるデータの中から一定の規則を発見し、その規則に基づいて未知のデータに対する推測・予測等を実現する学習手法の1つ）という意味合いで AI という用語が用いられることが多い。

そして、機械学習の中でも、ディープラーニングは、ニューラルネット（脳の情報処理を模して開発された機械学習の一手法）を多層において実行することで、より精度の高い推論を目指した手法の1つである。

単に「機械学習」という場合には、学習対象となる変数（＝特徴量）を人間が定義することを想定しているのに対し、「ディープラーニング」という場合には、学習対象である特徴量自体を大量のデータから自律的に見つける点で異なる。

たとえば、機械学習の例として、一般的な購買データを大量に学習させることで、利用者の年代に適したお勧め商品をリアルタイムで提案する AI を開発する場合が挙げられるが、ここでは過去の購買データから、特徴量として年齢と商品との相関関係に着目して傾向を学習させている。したがって、単なる機械学習では、人間が想定した相関関係が学習の前提にあるため、それを超えた相関関係を見つけることはできない。逆にいえば、人間が想定している相関関係によるものであるため、人間が AI の判断プロセスの誤りや偏りを発見することや修正することも可能である。そのような意味では、判断基準の「適用」の場面においては、現状ビジネスで使用されているソフトウェア（プログラム）と同じであるため、容易にビジネスに利用することが可能であり、実際にRPA（Robotic Process Automation）として、定型作業の自動化に利用されている。

他方で、ディープラーニングの場合は、学習対象の特徴量を人間が設定しないため、AI が人間の想定していない相関関係を発

2 機械学習とディープラーニングの違い

43

見したり、複雑な要素が相互に絡み合うような相関関係が存在する事象に対しても判断が可能となる。そのような意味において、AIが人の能力を超えた新たなビジネスや価値を見いだすことにつながる可能性があるわけである。

　有名な具体例としては、以下のGoogleが2012年に発表した「人が教えることなく、AIが自発的に猫を認識することに成功した」という例である。入力されるさまざまな動物の画像データに対して正解である猫の画像が判定されるよう、AIが猫らしい耳とか、猫らしい目等の要素を自律的に抽出してきて、それらの各要素の重み付け係数（パラメータ）を最適化して、学習済みモデル（判断基準）を生成するのである。なお、学習済みモデルは、通常、入力から出力までの演算を行うプログラムと当該演算に用いられる重み付け係数（パラメータ）の組合せで構成されているものである。

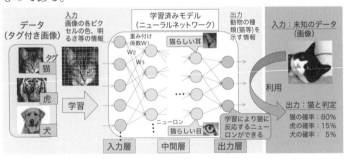

出典：特許庁調整課審査基準室「IoT関連技術の審査基準等について」
（平成30年6月）

　ディープラーニングのビジネス利用における問題は、その判断のプロセスが複雑なものであれば数億もの相関関係を加味して判断するため、判断のプロセスはブラックボックス化してしまい、人力ではもはやその判断のプロセスにおける誤りを検出すること

はできず、修正した場合の結果に及ぼす影響も出力された判断結果を事後的に確認するほかない点である。

③ 現時点でディープラーニングはビジネスに利用できるか

ディープラーニングによる分析サービスについては、人の想定や能力を超える判断ができるという意味で、投資判断のような高度かつ複雑な判断を要求されるものに利用すると、ビジネスにおいても高い効果が得られるように思われる。

しかしながら、現時点においては、より高度な判断であればあるほど、ビジネスにおいてディープラーニングを利用することは困難であると思われる。

なぜなら、日本における経営判断の原則によれば、業務執行上の判断の誤りに関して、「取締役の善管注意義務がつくされたか否かの判断は、行為当時の状況に照らし合理的な情報収集・調査・検討等が行われたか、および、その状況と取締役に要求される能力水準に照らして不合理な判断がなされなかったかを基準になされるべき」（江頭憲治郎『株式会社法〔第7版〕』（有斐閣、2017）470頁）とされており、取締役には判断プロセスの合理性が求められるからである。

経営者がAIの出した結果に従って投資判断したことで多額の損失が生じた場合に、取締役としての善管注意義務が尽くされていたといえるのかは、取締役がAIの判断の信用性を認めたことに合理性が認められなければならない。しかしながら、現時点ではAIの判断結果の妥当性の検証を行う上で必要となる、AIの判断結果が何%以上正解すれば信頼することに合理性を認めうるのかに関する検証基準も相場観も存在しないため、経営者としては、

ステークホルダーに対してその判断プロセスの合理性を客観的に説明できない。

　高度な AI の利活用を進めるには、そもそも社会において一定の正解率を超える場合には手放しで AI の判断を信用しても良いと思われる程度に、AI の判断が社会的な信用を得て、AI の判断のミスも自動車の交通事故と同様に「許された危険」として社会に受容されることが必要であると思われる。AI が自動運転する自動車に乗る際に、世の中の多数の人が命を預けることに恐れを感じない世の中にならなければ、ビジネスにおける高度な判断にディープラーニングを利用することはできないと思われる。

４　ビジネスにおいて AI をどのように利用するのか

　AI をビジネスにおいて利用するためには、AI 自体の定義よりも AI 技術が利用されたサービスや機能としてどのようなものが存在するかを理解することの方が重要である。

　人工知能（AI）が実際のサービスにおいて果たす機能として、「識別」「予測」「実効」という大きく３種類があるとされ、具体的な機能としては以下のようなものが挙げられている（野村総合研究所「ICT の進化が雇用と働き方に及ぼす影響に関する調査研究報告書」（平成 28 年 3 月））。

機　能	実　装　例
識　別	音声認識・画像認識・動画認識・言語解析
予　測	数値予測・マッチング・意図予測・ニーズ予測
実　効	表現生成・デザイン・行動最適化・作業の自動化

　具体的には、リアルタイムに会話ができるチャットボットがビ

ジネスにおいても自動応答サービスとして実際に利用されているが、利用されている AI の機能としては、人が質問として発した音声を文字列に置き換える「音声認識機能」とその文字列の集まりを言語として意味認識をするための「言語解析機能」、意味認識した質問と Q & A のナレッジデータベース内の質問部分との類似性を判断する「マッチング機能」までであり、実際の回答は事前に準備された質問とそれに対応した回答のナレッジデータベースから、マッチングで合致した質問に対応した回答を自動的に選択しているに過ぎない。また、Amazon の Alexa 等も、回答を文章で事前に準備しているわけではないが、データベースから必要な情報を取得して文章の形式に整えるところまで行っているとされており、あくまで回答の基礎にはデータベースの存在がある。

　このように、現状の AI は、個別の質問に対する回答を人間のように都度考えて回答しているわけではなく、一定の回答のためのデータを準備することが必要である点に注意が必要である。経営者の中には、AI による自動応答サービスを、勝手に回答を考えて答えてくれるものと誤解している方もいるが、従前のナレッジデータベースを流用すると AI から提供される回答内容自体は従前と何も変らないし、Q & A のナレッジデータベースが存在しなければ、AI による回答用に新たに構築しなければならないのである。

⑤　プログラムではなく AI である必要性を検討する

　AI の利活用に当たっては、そもそもなぜソフトウェア（プログラム）開発ではなく、AI 開発を選択するのかについての検討も重要である。

　たとえば、パンの販売店向けに購入者がレジのトレイの上に置

いたパンを固定カメラで撮影して、AIが自動的に画像を分析してどの種類のパンであるかを選択してレジの計算を行う自動レジサービスが存在する。このサービスでは、事前にパンの種類ごとの画像をAIに機械学習させて、パンの種類を判別できる学習済みモデルを構築しておき、AIが「画像認識機能」で固定カメラで撮影されたパンの形状を認識し、「マッチング機能」でそのパンの形状がどの種類のパンの形状に類似しているかを判定して、事前に設定された当該パンの価格を表示している。

　この種の画像認識技術は、工場の生産ラインを流れる製品をカメラで撮影して、汚れや傷等がある不良品を自動的に認識するようなシステム等（プログラム）において従前より多数利用されており、AIでなくとも実現は可能な機能である。もっとも、パンは工場の生産ラインを流れる製品のように画一的な規格の形状ではなく、同じ種類でも個体差が大きいため、1つひとつのパンの形状の特徴を定義してプログラミングすることは非常にコストがかかるところであった。他方で、AIによる画像認識機能を用いれば、形状の特徴を定義せずとも、AIがパンの画像の類似性をパターンマッチングすることで簡単にパンの種類を判断できるようになった。

　このように、画一的な形状のものから小さな傷を見つけたりする目的であれば、異常値を定義すれば足りるためプログラム開発の方が簡便である場合が多く、他方で、同じ種類でも個体差があるものを大まかに分類する目的であれば、複数の同種のパンの画像を用いてパンの種類をAIに機械学習させれば足りるため、AI開発の方が簡便である場合が多いといえる。

　ビジネスにおいてAIの利用を検討する際には、プログラムで定義するよりもAIによる機械学習を利用すれば判断の精度が上

がるという単純なものではなく、**サービスにおいて実現したい機能との関係で、プログラム開発とAI開発（機械学習）のいずれが適しているのか、コストメリットが出るのかを判断**して利用することが重要である。

このような意味において、前記の判断基準の「適用」ではなく「作成」の違いに着目することが重要である。なお、現状においては、AIに学習させるためのデータセットを構築する前提として必要となるデータ・クレンジング作業のコストも多額になることが多いため、単純にAIを用いた方が開発コストを押さえられるというものでもない。

⑥　現在のAIは第4次産業革命を引き起こさない

AIが人間の能力を超えるとか、第4次産業革命を引き起こすといった文脈でAIという用語が用いられる場合についても注意が必要である。

企業がAIの利活用を経営課題として掲げる場合、経営者としては上記のような意図で事業にAIを利用していくという意味で言っていると思われるが、実態としてAIを導入しているという企業の大半は、RPA（Robotic Process Automation）ツールを導入して、単に作業員の代替としてAIを利用しているだけであることが多い。

第4次産業革命においては、自律化（人の指示を逐一受けずに機器が判断・機能する）と相互協調（モノ・情報が互いにネットワークでつながり自由にやり取りを行う）の実現によって、高度化（システム全体の効率性の向上・新たな製品サービスの創出）が実現されるといわれている（経済産業政策局「新産業構造部会の検討の背景とミッション」（平成27年9月））。

これに対し、第3次産業革命は、集積回路（IC）とプログラムによって「自動化」が実現され、「省人化（効率化）」が実現されたことを指しているとされる。上記のRPAツールの導入は、あくまで第3次産業革命において実現された省人化（効率化）を実現するものに過ぎず、これを導入したからといって高度化が実現されるわけはない。

また、自律化や相互協調を実現する技術として、IoT、人工知能（ディープラーニング）、ビッグデータ、クラウドが挙げられているが、これらの技術が利用されているサービスが高度化を実現できるということを意味しているわけではない。「高度化」とは、相互に通信し合って自律的に判断できる機械を用いて、人の認知能力や処理能力では実現できない管理を実現することを意味している（**第20講②参照**）。

最近では、積極的なAIの利活用を経営課題とする経営者が増えてきているが、ビジネスにおけるAIの利用はあくまで手段に過ぎず、それを目的化するようなことは避けるべきである。実際のビジネスでよく利用されているRPAを含めた人の代わりに作業を行うAIは、AIのビジネス利用を推進している経営者が期待しているような「高度化」の実現にはつながらないことを理解した上で利用すべきである。

⑦　AIによる自律的な判断が個人に及ぼす影響

まだ将来の話ではあるかもしれないが、AIによる自律的な判断が高度化された判断（人間の認知能力や処理能力を超えた判断）に用いられる場合に、その判断過程にはもはや人間が関与できないものとなる。

実際に、ディープラーニングを行うAIの判断基準については、

前記のとおり、判断のプロセスはブラックボックス化してしまい、人にはもはやその判断のプロセスにおける誤りを検出することはできず、修正した場合の結果に及ぼす影響も判断できないため、AIの判断結果の妥当性でしか検証することができなくなる。

したがって、ディープラーニングによる学習済みモデルを利用したAIによる分析サービスにおいて、AIが個人の評価にかかわる判断を行うことになると、人によるAIの判断結果の妥当性の検証がきちんと行われないと、個人の評価についてAIによる自律的な評価が最終的な決定となってしまう。

たとえば、就職活動を行う学生の第一次審査をAIが行う場合に、AIが当該学生に関する情報をインターネットを通じて収集し、SNSにおける発言内容や公開された写真等も人物評価の判断の対象とする場合、AIの判断基準において大幅なマイナス評価されるような発言等があった場合には、どのAI（どの募集会社）からも否定的な評価を受けて、永遠に第一次審査を通過することができなくなる。

しかしながら、そのAIの判断基準における特定の発言に対するマイナス評価が合理的なものであるか、またどのような文脈での発言であるかをどの程度考慮されているのか等を検証することは不可能である。さらに、一般的にディープラーニングによる学習済みモデルでは、このような要素を数億から数十億に及ぶ項目で評価されるため、もはや人が判断基準の合理性を調整することも困難であり、最終的にAIが選定した人物が人事部長の目からもみても魅力的な人物であったかという判断結果から検証するほかない。

AIの正解率が100％になることはあり得ず、わずか数％でも不合理な判断が含まれうるが、AIが社会において大凡の判断に

おいては合理的な判断を行うものと認められてしまうと、もはや人がAIの判断基準の妥当性を検証することをしなくなり、AIの判断基準によって不合理に低く評価された人物が正当な評価を回復する機会は失われてしまう。

その結果、将来においてはAIの判断による個人の社会的身分や地位の固定化が問題となってくるものと思われる。

⑧ 自動的手段による決定に従わない権利の意味

このような問題意識をすでに法制化しているのがEU一般データ保護規則（GDPR）である。

GDPR13条2項(f)においては、管理者は、個人データを取得する時点において、データ主体に対し、「プロファイリングを含め、第22条第1項及び第4項に定める自動的な決定が存在すること、また、これが存在する場合、その決定に含まれている論理、並びに、当該取扱いのデータ主体への重要性及びデータ主体に生ずると想定される結果に関する意味のある情報」を提供するように義務づけている。

AI等の機械によって自動的に決定されることで評価対象とされる本人に重大な影響が生じる場合には、その決定プロセスに関する情報開示が求められるわけである。事業者においては、情報開示した際に非難を受けない程度にはAIの判断の品質について検証することが要請されることになる。

また、GDPR22条1項では、「データ主体は、当該データ主体に関する法的効果を発生させる、又は、当該データ主体に対して同様の重大な影響を及ぼすプロファイリングを含むもっぱら自動化された取扱いに基づいた決定の対象とされない権利を有する。」と定め、AI等の機械による判断基準の対象とされないことを権

利として認めている。

　たとえば、Webマーケティングの業界においては、すでに
Cookie等を通じて閲覧者のアクセスログ等の行動履歴を機械が
分析して、表示する広告の選択に利用しているところ、それが不
快であるとしても個人に重大な影響を及ぼすものではないため法
的に規制されているわけではないが、AIの普及によって与信評
価や採用評価等のリアルな世界においてもAI等の機械による自
動的な決定が人の権利や義務に関する選択の判断に用いられるよ
うになると、まさに当該個人に重大な影響を及ぼすものになるお
それがある。

　このように、AI等の機械による自動的な決定を行うサービス
を利用する際には、**法規制の有無にかかわらず、その判断結果の
本人に及ぼす影響度の重大性を吟味**して、その是非を判断するこ
とが必要である。

AIは知的財産権としては保護されない

① AIの法的保護における知的財産権との相違点

　AIの学習と利用の各段階は以下のような流れになるが、ここでAIに関して開発者に法的に独占権を付与しようとする場合には、利用段階で用いられる「**学習済みモデル**」をプログラム著作権と同様に保護するというのが素直な考え方である。学習済みモデルを生成するために、学習用データセットを準備したり、実際にAIに機械学習させる負担が生じることから、経済的にその成果物を保護するのが合理的である。

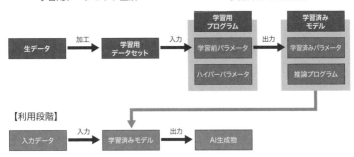

出典：AI・データ契約ガイドライン検討会（第3回）事務局報告資料

　しかしながら、学習済みモデルは、入力から出力までの演算を

行う「推論プログラム」と一緒に利用されるものの、その内容は、大量のデータから結果に影響を及ぼしうる要素を抽出してその影響度を評価したものであり、当該演算に用いられる「学習済みパラメータ」（重み付け係数・特徴量の組合せ）に過ぎないため、プログラム著作権のように創作性が認められるようなものではない。

　また、学習済みモデルは追加学習が可能であり、その判断要素や重み付けの係数も継続的に見直されて最適化されるものもあるため、仮に学習済みモデルをコピーされたとしても、プログラムにおけるソースコードのように、比較して同一性ないし依拠性を証明することは不可能である。

　このように、AIの価値は、プログラム著作権とは性質が異なることに加え、その内容が常に最適化されることに価値があるため、成果物である学習済みモデルを知的財産権として保護することは難しい。

　そうすると、AIの価値を法的にどのように保護するのかということになると、学習済みモデルを生成できるビッグデータとしての「学習用データセット」に価値を見いだすほかないことになる。「学習用データセット」であれば可分ではあるものの、基本的にその内容が変わるわけではないため、比較することで同一性・類似性も判断しうる。

　以上のように、AIの法的保護に関しては、「学習用データセット」として用いられるビッグデータを保護することで実現することになり、2019年度の改正不正競争防止法によって導入された「限定提供データ」という制度が新設された。

② ビッグデータの法的保護（限定提供データ）

　改正不正競争防止法によって、業として特定の者に提供する情

2　ビッグデータの法的保護（限定提供データ）

55

報として電磁的方法により相当量蓄積され、および管理されている技術上または営業上の情報（限定提供データ）の不正取得・使用等に対する差止めを認める制度が創設されたが、この保護の対象となるものはいわゆるビッグデータである。具体例としては、自動走行車両向けに提供する三次元地図データ、POSシステムで収集した商品ごとの売上データ、化学物質等の素材の技術情報を要約したデータ等が挙げられている。

　限定提供データは、「営業秘密」とは異なり、その情報内容自体に技術上・技術上の価値がある必要はない。上記の例で、POSシステムで収集した商品ごとの売上データの情報内容は、〇〇〇円のA商品がいつどの店舗で買われたのかというものであり、それ自体には技術上・営業上の価値はない。もっとも、それがビッグデータとして一定期間集積することにより、どの商品が売れ筋であるかとかトレンドがどのように変化しているかといったマーケティングの観点からの営業上の価値が生まれるのである。

　限定提供データに関して、規制対象とする侵害行為の類型は営業秘密と同様であるが、限定提供データが創設されたことの意味は、集積したデータから読み取れる傾向に経済的価値があることを認めるということであり、情報内容に着目して法的に保護する営業秘密とは、保護対象として想定している情報が異なるものである。

　AIの学習用データセットは、まさにデータの集積によって学習済みモデルという新たな価値を生み出すものであり、限定提供データとして保護され得ることになる。

　実際に、限定提供データとして保護されるためには、限定提供性、相当蓄積性および電磁的管理性の各要件を充足することが求

められる。ビッグデータとしてデータ分析や機械学習に用いられるため、それによって有為な分析結果や学習済みモデルが生成できる程度のデータ量が必要であることは当然であり、またデジタルな情報として管理されていなければ機械による分析の対象として利用できないため、電磁的に管理されていることも当然である。

　また、限定提供性というのは、誰でも自由に利用できるデータではないという意味であり、そのデータを法的保護の対象とする以上は当然のことである。具体的には、上記の例で、POSシステムで収集した商品ごとの売上データは、その販売事業者が販売している各商品の製造メーカや卸売事業者等に限定して有料で提供しており、データを提供する販売事業者と製造メーカ等との間では提供するデータの利用に関する条件を定めたデータ利用に関する契約書を締結するのが通例であり、誰でも自由に利用できるわけではない。販売事業者においてこのような形でデータが管理されていれば、限定提供性が満たされることになる。

　なお、限定提供データについては、次頁の図のとおり、社内において営業秘密に該当するものとして取り扱われる「極秘情報」や「秘密情報」とは対象となる情報がまったく異なり、従前は第三者にデータ販売していたような秘密情報として取り扱われていなかった情報である。限定提供データとして積極的にビッグデータを守るためには、情報管理規程等の見直しを行うことが望ましい。

　具体的には、まずは、限定提供データとして守りたい情報を「管理情報」といった「秘密情報」等とは別のカテゴリーを設けて区別すべきである。ビッグデータも「秘密情報」のカテゴリーの枠内で管理しておけばよいという理解は、ビッグデータのビジネス利用を阻害するか、あるいはビッグデータの利活用のために「秘密情報」としての管理に違反した取扱いを黙認する結果とな

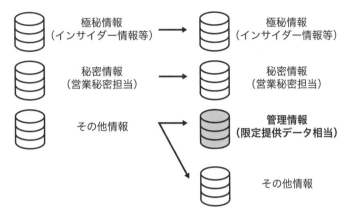

るため、改めるべきである。

　また情報管理規程等において、「管理情報」として保護したいビッグデータを指定する指定権者と指定方法を定め、第三者に管理情報を提供する場合のアクセス制限の方法を定めておくことが必要である。営業秘密として保護するわけではないので、社内における管理情報へのアクセス制限等の秘密管理性は必要なく、あくまで限定提供性の要件を充足させるために、データの購入者等の社外の第三者に提供する場合にのみアクセス制限を設定しておけばよいのである。

　第三者に提供する際の管理情報へのアクセス制限としては、情報管理基準として、管理情報を取り扱う従業者に対して以下のような義務を設けることが想定される。

> 1　管理情報を第三者に提供する場合には、管理情報を暗号化し、管理情報へのアクセス時に ID・パスワード等による認証の実施又は第三者の干渉を遮断した専用回線による提供等、特定の者に限定して提供される情報として管理する当社の意思を外部に対して明確化するために必要な措置を講じる。

第6講　AIは知的財産権としては保護されない

2　管理情報を第三者に提供する場合には、当該第三者との契約において、以下の事項を定めるものとする。
① 特定の者に限定して提供される情報であることの明示
② 当該第三者に許諾する利用権限の範囲又は第三者に委託する業務の範囲の明確化
③ 利用権限の範囲外又は委託業務の範囲外での利用等の禁止
④ 第三者開示禁止等の義務又は電磁的方法によるアクセス制限の実施義務及び管理情報に施されたアクセス制限及び暗号化等の維持義務等、特定の者に限定して提供される情報として管理する当社の意思を外部に対して明確化するために必要な措置を講じる義務

③ なぜビッグデータを新たな知的財産権として認めないのか

　AIの法的保護に関しては、学習済みモデル自体を保護することが困難であるため、ビッグデータを保護することで実現することになるが、このビッグデータに関しては、上記のとおり不正競争防止法において、不正取得・使用等に対する規制が行われただけで、新たな知的財産権の1つとして保護されているわけではない。

　データ（情報）は、民法上は無体物として捉えられ、いわゆる所有権や占有権等の物権の対象とはならないとされており、原則として情報は無料で自由に取り扱われるべきとされている。これは、有益な情報は特定の者に独占させるよりも、社会において広く共有される方がより有益に情報利用されるという考え方に基づくものである。なお、特許権等の知的財産権については、特定の発明者に発明に係る技術を独占させて投下資本を回収できるよう

にすることで、発明のための投資を積極的に行わせるインセン
ティブを与えるという政策的な考え方に基づいて、例外的に発明
として保護されているものである。

　このような理解によれば、知的財産権として保護されないよう
なデータに対しては、法的に所有権の対象となるハードウェアの
記録媒体（USB やアクセス制限のあるサーバや PC 等）に隔離して
データを囲い込み、第三者に開示しないことで守るほかないとい
うことになる。

　しかしながら、クラウドサービスと IoT 技術、スマートフォ
ンやタブレット等の普及により上記のようなこれまでのデータに
対する法的権利に関する課題が浮き彫りになってきている。

　従前は、機械の稼働ログのデータや携帯電話の利用履歴データ
に関しては、いずれもハードウェアの中の記憶媒体に保存されて
いたため、そのデータは、機械や携帯電話の所有者に帰属してお
り、ハードウェアの所有主体とデータの帰属主体は同一人であっ
た。

　しかしながら、IoT 技術が普及したことで、機械に通信モ
ジュールを安価に組み込むことができ、保守等のサービスを提供
する事業者は、機械に設置したセンサーの情報をリアルタイムに
リモートで収集することが容易になった。さらに、その収集した
データは、利用者の管理下にない、サービス事業者側で用意した
クラウドサーバに保存されることになり、ハードウェアの中には
データは残されないようになった。

　スマートフォンにおいても同様に、アプリを通じて収集された
利用履歴や移動履歴データは、いずれもアプリのサービス提供事
業者の管理するクラウドサーバに保管されており、スマートフォ
ン本体にはデータは保存されていない。

このように、利用者は、自らの利用履歴等の稼働データをサービス事業者に独占されてしまい、ハードウェアの所有主体とその稼働データの帰属主体に相違が生じる事態となったのである。また、ハードウェアの所有主体は、上記のとおり法的にはデータに対する権利を与えられていないため、データを管理しているサービス提供者に対し、自らのハードウェアの稼働データを開示請求することも利用することもできないことになる。

　このようなハードウェアの所有主体とデータの帰属主体の分離は、従前からの情報（データ）に対する権利の在り方を見直す契機となり、データ創出に寄与した者によるデータの利活用権限の主張を公平に認めていくことが望ましいとする考え方（データオーナーシップ）が意識されるようになった。

　もっとも、社会において特定の者にデータを独占させずに広く利用させることも重要であるため、法制度としては、経済産業省が策定した「AI・データの利用に関する契約ガイドライン」を通じて、データの生成にかかわる当事者間において契約でデータの利用に関する取り決めを行わせるように働きかけるにとどめ、ビッグデータに対する独占権を与えないこととなった。

　他方で、そのような契約を締結することができないビッグデータの盗用事案や契約で定めた権限外での利用行為等を不正競争として法的に規制することとしたのである。

　このように、ビッグデータについて法的保護を受けるためには、あくまで**契約においてデータの利用権限等を定める方法によるのが原則**であり、限定提供データとして不正競争防止法による保護を受ける場面は、不正アクセスや盗難にあった場合や契約違反の利用という限定的な場面において補完的に機能するものに過ぎない。

AI の法的保護に関しては、AI による機械学習における特定の
ビッグデータの学習用データセットとしての利用の可否や範囲、
それによって生じた学習済みモデルの利用範囲等を含めて、契約
ないし利用規約において適切に設定または制限できているかが重
要である。

④　AI のビジネス利用における法的なリスク

　AI のビジネス利用にあたっては、特に日本の企業にとっては、
まずはビジネスにおけるデータの位置づけに対する認識を改める
ところから考えなければならない。

　従前のビジネスにおけるデータの取扱いとしては、企業間にお
いては取引に際して相互に秘密保持義務や目的外利用の禁止の定
められた取引基本契約書が締結され、その取引に際して取得した
情報については、そもそもいずれか一方が相手方の同意なく独自
に利用することが禁止されていた。

　このような秘密保持義務や目的外利用の禁止の蔓延によって、
日本では BtoB におけるデータ流通や利活用が遅れた点があるこ
とは否めないが、そもそもこのような義務を設けていた理由は、
相手方に自社の取引先やノウハウ等の営業上または技術上の情報
を取得・利用されることで、自社の事業に関する競業先になった
り、あるいは自社の事業自体を取られてしまうおそれがあるため
である。

　そのような観点から、相互に取引の相手方の事業には立ち入ら
ないという意味で効果があったわけであるが、他方で、双方のい
ずれもがそれぞれの既存事業とも異なる第三の事業のためにもそ
のデータを利用できない環境を生み出し、データを利活用した
ビジネスに進出しにくい状況になっていたのである。その第三

の事業がいわゆるデータビジネスであり、GAFA 等のプラットフォーマー等が日本においては育たなかった原因もその点にあると思われる。

　もっとも、データのビジネス利用のために、単純に秘密保持義務や目的外利用の禁止を直ちに廃止すればよいというわけでもない。ビッグデータは、POS の購入履歴データや機械の稼働ログデータといった、その内容自体が営業上または技術上の価値を持った情報ではないため、営業秘密として管理する必要はないが、ビッグデータを分析して AI に学習させることで、社外秘のノウハウを再現することが可能になる場合がある。

　たとえば、機器の故障検知や部品交換等の保守・メンテナンスのサービスのために、工場で稼働する機器に設置されたセンサーで熟練工の操作履歴や作業場の温度・湿度等の作業環境といった機械の稼働ログデータを収集記録する場合に、仮にそのような保守サービスを提供する機器メーカ側が、収集して蓄積した稼働ログデータを分析して AI に学習させることで、熟練工の感覚的なノウハウを AI に再現させ、それを利用して自動操作ができる機器を開発して販売する可能性がある。そのような機器を競業する工場に販売されると、工場にとって社外秘の熟練工のノウハウによる優位性を失ってしまうおそれがあるわけである。

　AI は、機械学習によって過去のデータから一定の判断や行動を行うために必要となる変数（＝特徴量）に重み付けを行い、その判断や行動の具体的な理論や技術内容が不明であっても、同様のデータを入力すればその判断や行動を再現することを可能にするものであるため、取引先との取引の過程において生成されるログデータを AI による機械学習に利用されることを取引先に許容することで、自社のノウハウを知らないうちに取られてしまうお

それがある。

　そのような意味では、データ提供契約やデータ利用許諾契約等の特殊な契約を締結する場合だけではなく、通常の取引基本契約書や業務委託契約・サービス利用契約等においても、上記のような法的リスクを意識しておく必要があり、秘密保持義務や目的外利用の禁止の条項を単に抹消するのではなく、**その取引の過程において生成されるログデータについて、どのような範囲で相手方が利用することを禁止するのかを明確に定めておく**ことが、自社の社外秘のノウハウ等を、データを介した外部流出から守り、自社のビジネス上の優位性を保ち続けるために重要である。

　以上のような法的リスクを踏まえて、AIのビジネス利用を考えることが必要である。

⑤　学習済みモデルの開発における法的リスク

　AIをビジネス利用するために、オリジナルの学習済みモデルを開発する場合には、自社で保有しているオリジナルなデータをデータセットとしてAIに機械学習をさせ、学習済みモデルを構築することになる。この学習済みモデルの開発をAIベンダーに委託する場合には、その提供したデータや成果物である学習済みモデルのベンダー側の利用範囲の制限については明確に合意しておくべきである。

　まず、AIベンダーとの間で、開発のために提供したデータについては委託した学習済みモデルの開発以外の目的では利用しないことを前提として合意しておくことが重要である。それを規制しておかないと、前記のような社外秘のノウハウの再現による外部流出につながるおそれがあるからである。

　次に、成果物である学習済みモデルについては、通常のシステ

ム開発では、ソフトウェアの著作権はベンダー側に留保されて、ユーザにはソフトウェアの使用や複製の許諾がなされることがあるが、学習済みモデルは、前記のとおり、それ自体が知的財産権の対象とされるものではなく、単なるノウハウ情報の1つに過ぎないため、原則として無体物としてそれを事実上保有するベンダーは、契約で制限されない限りは自由に利用できることになる。それゆえに、開発委託契約において、学習済みモデルの利用範囲、特にベンダーが他の顧客のデータを用いて再学習をさせて当該顧客に学習済みモデルを販売することの制限等については明確に定めておかなければならない。

　AIと関係がない通常のシステム開発の場合においても、ベンダーは、同様のニーズをもった顧客が複数想定されるシステムであれば、最初は安価で受注してノウハウを蓄積し、成果物であるシステムの著作権をベンダー側が取得したうえで、それをベースに自社のパッケージ製品を開発して販売したり、同様のシステム開発を他の顧客から受注したりして、事後的に投資回収するわけである。

　AIの学習済みモデルの開発の場合も同様で、ベンダーとしては、開発した学習済みモデルを用いて、同様のニーズのある顧客から開発を受託して新たなデータの提供をしてもらい、学習済みモデルに再学習させて販売したいと考えるところである。

　また、学習済みモデルについては、仮にベンダーがそれを無断で再学習させたとしても、前記のとおり、再学習前の学習済みモデルと当初の学習済みモデルを対比しても、再学習によって変数（特徴量）のパラメータ設定は変わっているため、ベンダーが無断で再学習させたものであるかを事後的に評価するのは容易でない。

他方で、発注側からすれば、このような学習済みモデルの流用は、AIに行わせる判断がより「高度化」（**第20講②**参照）を図るものであれば、それだけビジネスに深刻な影響を及ぼしうる。人が再現することが容易でない判断をAIによって実現させるといった「高度化」を図る目的での学習済みモデルの開発については、それによって開発主体だけではなく、その学習済みモデルを利用すれば誰でも再現が可能になるということを意味しており、ノウハウがより簡単に盗まれうることや盗まれた場合にその同一性を証明することは困難であることなど、ノウハウ情報の管理として脆弱性を生み出す側面があることを認識すべきである。

　たとえば、さまざまなセンサー情報等を集約して、通常人では再現が困難な熟練工の技術や特殊なノウハウに基づく工法を再現できる学習済みモデルを開発した場合、その学習済みモデルが流用されることで、技術的な知識や経験を有しない第三者でも簡単に再現できることになるわけである。

　以上のような法的リスクを踏まえれば、AIの学習済みモデルの開発は、ベンダーとの開発委託契約において、ベンダーに提供したデータ（学習用データセット）や学習済みモデルの利用範囲を制限することは当然のこと、人が容易できることを人に代わって判断・行動するという「効率化」を図る程度の学習済みモデルの開発にとどめておくのが現時点においては無難である。

　仮に「高度化」を図る目的での学習済みモデルの開発を行う場合には、開発にかかる費用の多寡だけでベンダーを選択するのではなく、学習済みモデルを他の開発において流用しないことを前提として、適正な金額で信用できるベンダーに委託することが重要である。

第7講
個人情報の本質

① 個人情報への該当性の要件

日本の個人情報保護法において、「個人情報」とは、生存する個人に関する情報であって、当該情報に含まれる氏名、生年月日その他の記述等により特定の個人を識別することができるもの（他の情報と容易に照合することができ、それにより特定の個人を識別することができることとなるものを含む。）か、個人識別符号が含まれるもののいずれかに該当するもの（法2条1項）と定義されている。

個人情報であるか否か、個人情報への該当性の要件について、改めて取り上げたいのは、2005年の個人情報保護法の施行からすでに15年以上経過しているにもかかわらず、現在においてもさまざまな誤解が存在していると思われるからである。

個人情報への該当性の要件としては、①生存する個人に関する情報であり、かつ②特定の個人を識別することができる情報が含まれていること、または③個人識別符号が含まれていることが必要である。

② 生存する個人に関する情報

まず、個人情報は、「生存する個人（自然人）に関する情報」である。法人に関する情報や特定の主体に結び付かないような情

報は、個人に関する情報ではないため、個人情報ではない。たとえば、会社の年次の売上高の履歴リストや、商品の日次の販売高の履歴リストは個人情報ではないが、従業者の月次の給与額の履歴リストは個人情報になる。

　そして、「個人に関する情報」は、単に個人の氏名等の識別情報が含まれた情報という意味ではなく、あくまで特定の個人をキー（ID）として、その個人に関する情報を紐付けたものである。

　たとえば、記名式のアンケートにおいて、回答主体の氏名がそのアンケートの回答主体であることが分かるような形式（氏名が署名欄や回答者欄に記載されている場合など）で記載されていれば、そのアンケート用紙による回答内容は、記載された氏名の個人に紐付けられた情報であるため、個人情報に該当することになる。他方で、無記名の匿名アンケート用紙の回答欄の中で、たまたま特定の人物についての苦情が記載されている場合など、アンケートの回答主体とはまったく別人の氏名であることが分かるような形式で氏名が記載されていた場合には、それはアンケートの主体を識別する情報ではないため、そのアンケート用紙の回答内容に氏名が含まれていたとしても個人情報には該当しない。

　また、コールセンターへの問い合わせの電話の会話を録音した音声ファイルの中で、会話の中で特定の個人の「氏名」が発言されただけで、当該音声ファイルが個人情報になるわけではない。むしろ、当該音声ファイルについては、電話で会話をしている当事者（オペレータと問い合わせた顧客）の各人の発言内容が記録されたものであるため、会話当事者である個人（オペレータの氏名や顧客の氏名）と紐付けて管理される場合には、個人情報になりうる。

　このように、個人情報保護法上は、「個人に関する情報」とい

う要件によって、法人や物に関する情報といった個人とは関係の
ないものをキーとした情報を除外しているにもかかわらず、情
報の中に特定の個人を識別する情報（氏名等）が混入してしまう
と、それが情報を紐付けるIDとして機能していないような場合
であっても、個人情報になってしまうと誤解して過剰反応されて
いることが多いように思われる。

　個人情報保護法は、あくまで個人の権利・利益（プライバシー
等の人格権も含まれる）を保護するものであり、個人の氏名自体
を保護しているものではないことを理解する必要がある。

③　個人情報の単位

　個人情報は、特定の個人を識別することができる情報を「含
む」ことが要件とされており、基本的に一定の情報項目が集まっ
た情報の塊を想定している。たとえば、特定の個人にアンケート
用紙に記入をしてもらい、「氏名、住所、電話番号」とアンケー
ト回答を記載してもらった場合に、１枚のアンケート用紙に記載
された「氏名、住所、電話番号」の記載部分のみが個人情報とな
るのではなく、当該アンケート用紙１枚に記載された情報（アン
ケートへの回答の部分も含む）の全体が１件の個人情報とみること
になる。

　また、事業者は情報を取得する際に個人情報であるか否かを判
断することが求められるが、特定のキーに紐付けて１つの纏まり
として認識される情報の塊を一単位として個人情報への該当性を
検討することになる。たとえば、個人から回答してもらうアン
ケートで、１枚のアンケート用紙で情報を取得する場合には、そ
のアンケート用紙単位で個人情報への該当性を考えることになり、
２枚のアンケート用紙に記載してもらう場合で１枚目だけに氏名

を記載してもらう場合でも、2枚目も特定の個人による一連の回答として認識できる形式で取得した場合（2枚の用紙をホッチキスで閉じて回収する場合など）には、2枚のアンケート用紙に記載された情報の全体が1件の個人情報として取り扱われることになる。ウェブサイトのアンケートフォームで入力してもらって取得する場合には、そのフォームでの送信単位で個人情報への該当性を考えることになる。

　個人情報の流出事案の公表資料等でも、漏洩件数を何名という記載ではなく何件という記載にすることが多いが、たとえば同一人物が何度もアンケート（記名式）に答えることができるような場合でも、アンケート用紙をもって1件の個人情報として取得し、それを1つのレコードとしてデータベースに登録していく場合がある。この場合には、特定の1人の回答でも、複数のアンケートの回答のレコードが登録されることになる。このデータベースで特定の個人による回答としてアンケートを氏名等で名寄せすれば人単位で集約されるが、名寄せをしていないと同一人の重複があるため何名とはいえず、アンケートの件数単位でしか数が把握できないのである。

　大量の個人データを含むデータベースを流出させた場合には、早急に漏洩数を公表することが要請されることが多いため、特定のID等で管理せずに収集したため名寄せが困難なデータベースについては、何件というレコード数で公表する方が正確なわけである。

④　特定の個人を識別できるもの

　個人情報は、氏名、生年月日その他の記述等により特定の個人を識別することができる情報を含んでいることが必要である。

特定の個人を識別する典型例としては、例示にあるように人の「氏名」であり、特定の者とそれ以外の他者とを識別するために、社会一般において「氏名」が用いられているからである。

　これと同様に、人の「容貌（顔）」についても他者と識別するために利用されている。たとえば、警察官が捜査において、被疑者の顔が写った写真を相手に示して、その人物を見たことがないかと聞いたりするのは、容貌を用いて被疑者を他者と識別できるからにほかならない。

　ガイドライン（通則編）においても、具体例として、①本人の氏名、②生年月日、連絡先（住所・居所・電話番号・メールアドレス）、会社における職位または所属に関する情報について、それらと本人の氏名を組み合わせた情報、③防犯カメラに記録された情報等本人が判別できる映像情報等が挙げられている（5頁）。なお、②については、生年月日のみで特定の個人を識別できるとしているわけではなく、本人の氏名を組み合わせた情報という記載であるため、基本的に識別情報としては「氏名」が含まれていることが前提となっている。

　他方で、オンラインでのサービス利用等においては、必ずしも氏名を登録せずに利用できるものがあるが、その場合に利用者を他者と識別する手段として「ユーザID」が用いられている。サービス提供事業者にとって、ユーザIDが氏名と同様に、他の利用者と区別する手段（識別子）として機能しており、その意味では「氏名」とその役割において大差はない。

　2015年度の個人情報保護法の改正において、他者との識別に用いられるのは氏名や容貌に限られず、一定の識別子を含む場合も個人情報として保護されることを明確化するという観点から、「個人識別符号」という概念が追加されている。

⑤ 個人識別符号

　個人識別符号とは、①特定の個人の身体の一部の特徴を電子計算機の用に供するために変換した文字、番号、記号その他の符号であって、当該特定の個人を識別することができるもの、または②個人に提供される役務の利用若しくは個人に販売される商品の購入に関し割り当てられ、または個人に発行されるカードその他の書類に記載され、もしくは電磁的方式により記録された文字、番号、記号その他の符号であって、その利用者もしくは購入者または発行を受ける者ごとに異なるものとなるように割り当てられ、または記載され、もしくは記録されることにより、特定の利用者もしくは購入者または発行を受ける者を識別することができるもののいずれかに該当する文字、番号、記号その他の符号のうち、政令で定めるものと定義されている（法2条2項）。

　①の類型の識別子は、いわゆる生体認証情報（バイオメトリクス情報）であり、具体的には指紋や掌紋、目の虹彩の模様、手のひら等の静脈の形状、声紋等である。

　たとえば、金融機関のATMで預貯金の払い戻しを受ける際に、手のひらの静脈認証や指紋認証等によって、本人であることの認証を行うものがあるが、手のひらの静脈や指紋は、人によってその形状が異なり、同一の者はいないという前提で、他者とを識別する機能があると理解されていることが前提となっている。

　このような生体認証情報は、技術の進歩によって機械のセンサーが正確に読み取ることができるようになり、社会において他者と識別する方法として普及しており、個人に関する情報を管理する際のキーとして使われるようになってきたため、それをキーとして管理される情報は、個人情報であることを明確化したので

ある。

　②の類型の識別子は、いわゆるユーザ ID である。上記のようなオンラインにおけるサービスでは他者との識別にユーザ ID が用いられるが、他方で、ユーザ ID は、当該オンラインサービスにおいて他者と識別されるものであって、社会一般において他者と識別できる機能を有するものではない。

　たとえば、単一のユーザ ID を家族間において共用で利用できるオンラインサービスもありうるし、また、特定の個人が A 社のオンラインサービスでの ID としては「AA01」という名称であっても、B 社のオンラインサービスでは「BB02」という名称で利用することもあり、さらに B 社のオンラインサービスで別の個人が「AA01」という名称で利用している可能性もある。このように、いわゆるユーザ ID は、唯一無二性を有している符号ではないため、社会一般において他者と識別する機能を有するものとはいえないのである。

　そこで、ユーザ ID のうち、そのような唯一無二性を有している符号を「個人識別符号」として政令で定めることになっており、現時点では、公的番号として、マイナンバーやパスポート番号、健康保険証番号、運転免許証番号等が指定されているのみである。

　なお、法改正の過程においては、携帯電話が社会において広く普及して 1 人に 1 台という時代になってきているため、携帯電話番号も社会一般において「個人識別符号」としての機能があるのではないかという議論もなされたが、法人契約の携帯電話番号があったり、1 台の携帯電話を家族で共用している場合もあるため、必ずしも特定の個人に結び付いている番号とはいえないとして対象外とされている。

　このように、個人識別符号は、氏名や容貌という人が認知でき

る他者との識別に用いる情報のほかに、たとえ人が機械を用いないと認知できないものであっても、社会において個人と1対1の関係にある符号は、個人に関する情報を管理するために用いられるキーとして機能する場合には、氏名等と同様に個人情報になることを明確化したものである。

今後の情報通信技術の進歩によって、個人識別符号の対象となる符号は拡大することが想定されるところ、Cookie識別子については、現在のところ個人識別符号として指定されていないが、Webマーケティングの分野においては個人のオンラインにおけるアクセス履歴を管理するキーとして機能しており、今後の社会情勢の変化によっては指定される可能性もある。なお、関連する問題として2020年度の個人情報保護法の改正による「個人関連情報」の創設がある（**第9講5**参照）。

6 容易照合性

個人情報には、その情報自体に氏名等の特定の個人を識別することができる情報項目は含まれていない場合でも、他の情報と容易に照合することができ、それにより特定の個人を識別することができることとなる情報も含まれるとされている。

ガイドライン（通則編）においては、「他の情報と容易に照合することができる」とは、通常の業務における一般的な方法で、他の情報と容易に照合することができる状態をいうとされており、たとえば、他の事業者への照会を要する場合等であって照合が困難な状態は、一般に、容易に照合することができない状態であると解されるとされている（6頁）。

たとえば、販売管理システムにおいて、顧客マスタには、顧客IDと顧客の氏名、住所等の連絡先が登録されており、販売明細

データベースには、顧客 ID とその ID で購入された商品の販売数や販売日時、販売金額等が記録されている場合、販売明細データベースには、氏名等の特定の個人を識別することができる情報項目が含まれていない場合には、本来はこの販売明細データベース単体では個人情報にはならない（顧客 ID をキーとして購入情報が管理されているが、顧客 ID 自体は個人識別符号にはならないことは前記のとおりである）。

しかしながら、販売管理システムでは、顧客マスタと販売明細データベースは、顧客 ID を用いてリンクしているため、販売明細データベースにおける顧客 ID を用いて顧客マスタの顧客情報を照合すれば、特定の顧客が何をいつ購入したのかを特定することができる。

このような場合には、顧客マスタだけが個人情報となるのではなく、顧客 ID を用いて容易に照合できるため、氏名を含んでいない販売明細データベースも個人情報に取り込まれるということである。

このように、個人情報の範囲は、データベース単位でみてキーとしての氏名を含んでいるかだけではなく、**そのデータベースの中には氏名等の識別情報を含んでいなくても、氏名を含む別のデータベース等と紐付けることができるキーがあると個人情報の範囲に取り込まれていく**ことになる。

したがって、個人に関するデータを取り扱うビジネスにおいては、さまざまなシステム内のデータを安易に顧客等の氏名等と照合可能なシステムとして設計すると、個人情報保護法の規制の対象となるデータの範囲がシステム全体に拡大することになる。

本来的には顧客から切り離された形で利用されるべきデータに関しても、個人情報に取り込まれてそのビジネス利用が阻害され

6

容易照合性

75

るおそれがあるため、情報システム設計段階から、そのシステム
を用いるビジネスでの具体的なデータの利用方法を確認し、どこ
までを顧客ID等をキーとして紐付けるか、あるいはその連結を
制限するかという観点から、データベース間のリレーションを検
討することが重要となる。

7 個人情報への該当性は相対的判断

　前記のとおり、情報自体に氏名等の特定の個人を識別すること
ができる情報項目が含まれていない場合でも、容易照合性が認め
られる情報については、その照合が容易に可能な事業者において
は個人情報になるが、その照合が容易ではない事業者においては
個人情報にならない。

　たとえば、顧客管理システム内の顧客マスタ（顧客のIDや氏
名等が記録）と顧客IDで紐付いている販売明細データベースに
ついて、その販売明細データベース内には顧客の氏名の情報項目
がない場合には、その販売明細データベース単体では個人情報に
ならないものの、顧客マスタとの照合によって特定の顧客の購入
明細を確認することができるのであれば、当該システムを管理す
る事業者においてはその販売明細データベースも個人情報に該当
する。

　しかしながら、その販売明細データベースのみを出力した情報
は、顧客の氏名が含まれていないため、これを第三者にデータと
して販売した場合、データの購入者においては、販売者との間で
別途契約において認められない限りは、その販売明細データベー
スを販売者のシステム内の顧客マスタとは照合できない。よって、
その購入者にとっては、販売明細データベースは個人情報ではな
く非個人情報である。

このように、**個人情報は、同じ内容のデータであったとしても事業者が保有する照合可能な他の情報との関係で相対的にその該当性が判断される**のである。

　このような観点から、容易照合性が実務において問題となったのは、2013年のJR東日本によるSuicaの乗降データの提供事案である。

　これは、JR東日本が日立製作所に対して4,400万枚のSuicaの乗降履歴データ等を、利用者IDであるSuicaID番号（JR東日本が発行するSuicaに割り振られた固有の番号）を別の変換番号に置換して特定の個人を識別できない形式に加工した上で提供した事案である。乗降履歴データを販売したJR東日本はSuicaの元データを保有しているため、たとえ変換番号に置き換えたとしてもSuicaの元データと照合すれば特定の個人の乗降データを把握できるのではないかと報じられたが、仮に情報管理体制上そのようなことが容易に可能であったとすれば個人情報に該当する。

　他方で、このデータの提供を受けた日立製作所にとっては、JR東日本のSuicaの元データにアクセスできるわけではないため、個人情報には該当しないということになる。

　このように、同じ内容の情報であっても事業者において照合が可能な他の個人情報を保有しているかによって、個人情報になったり、ならなかったりする。そのような意味において、個人情報への該当性は事業者ごとに相対的に判断されるものである。

⑧　第三者提供の制限に関する提供元基準説

　前記のSuicaの乗降データの提供事案を例として、個人情報の該当性が相対的に判断されることを前提とすれば、JR東日本にとっては個人情報であったとしても、日立製作所にとっては特

定の個人を識別できないデータである。それであれば、そもそも
JR東日本から日立製作所への提供に関しては、本人からの同意
の取得を義務づける個人データの第三者提供の制限の対象外とし
てもよいのではないかとも思われる。

　しかしながら、日立製作所において個人情報に該当するかにつ
いては、提供されるデータ単体では非個人情報であっても、日立
製作所の保有する他の情報と照合することで特定の個人を識別す
ることができる場合には、日立製作所にとっても個人情報になる。

　たとえば、JR東日本から日立製作所に提供されたデータに仮
にSuicaID番号が含まれたとしたら（実際にはSuicaID番号は別
の識別番号に置き換えられて提供されていたので事実とは異なる。）、
日立製作所がSuicaID番号と利用者の氏名のリストを別のルー
トから収集すれば、提供を受けた乗降履歴と利用者を紐付けるこ
とができるため、その時点で日立製作所においても個人情報にな
る。

　このように、個人情報の定義からすれば、第三者提供を行う際
に単体として非個人情報にするだけでは足りず、提供先において
保有する他の情報との照合によっても特定の個人が識別されない
ようになっていないと、提供先においても非個人情報であるとは
いえないことになるが、第三者提供に当たり、提供元が提供先に
対してそのような特定の個人を識別できるような情報を持ってい
ないかを確認するのは現実的ではない。

　そこで、個人情報保護員会の解釈では、**第三者提供の制限にお
ける個人データであるか否かの基準は、提供元において個人デー
タに該当するかを基準に判断する**ということになっており（平成
28年「個人情報の保護に関する法律についてのガイドライン（通則
編）（案）」に関する意見募集結果 NO.19 への回答）、上記の事例でい

えばJR東日本において提供するデータが個人情報に該当するかのみが問題となる。

⑨　データベースの管理体制と容易照合性

JR東日本によれば、日立製作所に提供しているSuicaに関するデータは、Suicaでの乗降駅、利用日時、鉄道利用額、生年月、性別およびSuicaID番号を他の形式に変換した識別番号からなるデータであったとのことであり、また、JR東日本における「Suicaに関する情報を社外提供向けに加工する部門（情報ビジネスセンター）」は、氏名や連絡先等の個人情報を保有しておらず、さらに、「個人情報を保有している部門」と、組織、作業環境、スタッフ、システムを厳格に分離しており、自ら管理する情報以外の情報と照合することができないようにしていたとのことであった（2013年7月25日公表「Suicaに関するデータの社外への提供について」）。

このように、JR東日本においては、自社の保有するSuicaの元データと日立製作所に提供したデータを容易に照合できないような管理体制を社内で構築していたとされるが、その当時においては、「他の取扱部門のデータベースへのアクセスが規程上・運用上厳格に禁止されている場合であっても、双方の取扱部門を統括すべき立場の者等が双方のデータベースにアクセス可能な場合は、当該事業者にとって『容易に照合することができ』る状態にあると考えられます。ただし、経営者、データベースのシステム担当者などを含め社内の誰もが規程上・運用上、双方のデータベースへのアクセスを厳格に禁止されている状態であれば、『容易に照合することができ』るとはいえないものと考えられます。（2007.3.30）」（「個人情報の保護に関する法律についての経済産業分野

を対象とするガイドライン」等に関するＱ＆Ａ（2010年4月1日更新）の2-1-1.「個人情報」のQ14）との厳格な解釈が示されていたため、上記のJR東日本の管理体制によって容易照合性が否定できるかは明確ではなかったところである。

　なお、現在においては、「事業者の各取扱部門が独自に取得した個人情報を取扱部門ごとに設置されているデータベースにそれぞれ別々に保管している場合において、双方の取扱部門やこれらを統括すべき立場の者等が、規程上・運用上、双方のデータベースを取り扱うことが厳格に禁止されていて、特別の費用や手間をかけることなく、通常の業務における一般的な方法で双方のデータベース上の情報を照合することができない状態である場合は、「容易に照合することができ」ない状態であると考えられます。」との解釈が示されているが（ガイドラインに関するQ&A Q1-15）、あくまで事業者の各取扱部門が独自に取得した情報のデータベースを前提とした事例であり（そのような意味ではデータベース間での顧客ID等での連結がない前提と思われる）、一旦取得した個人情報を保管したデータベースを事後的に加工して作成したデータベースの取扱いについて言及しているものではないため、現在においてもどのような管理体制を構築すれば容易照合性が否定できるのかは明確ではない。

　このような取扱いについては、前記のSuicaの乗降データの提供事案を受けて、個人データをどのように加工すれば非個人データとして、個人データの取扱規制の対象外となるのかというグレーゾーンを明確化するために、2015年度の個人情報保護法の改正によって、個人データを匿名加工した上でビッグデータとして利活用するための「匿名加工情報」という概念が設けられた（**第8講**3参照）。ただし、匿名加工の要件等が厳しいこともあり、

あまり制度して活用されている状況にはないと思われる。

データベースの管理体制と容易照合性

第8講
個人データの用途に適した加工

① 非個人情報として利用

　「個人情報データベース等」とは、個人情報を含む情報の集合物であって、①特定の個人情報を電子計算機を用いて検索することができるように体系的に構成したもの、または②特定の個人情報を容易に検索することができるように体系的に構成したものとして政令で定めるものをいう（法2条4項）。簡単にまとめれば、**バラバラの個人情報をデータベースとして利用可能な形式に集約したもの**である。

　個人情報データベース等を構成する個人データに対しては、利用目的の特定とその通知・公表、目的外利用の制限、第三者提供の制限等の規制の対象となり、これらの例外として利用するためには、匿名加工情報に加工することが必要であり、さらに匿名加工情報に関する各種義務を負うことになるため、事業者にとっては個人データとなることで、ビジネス利用の自由度は大幅に低下する。

　そこで、データのビジネス利用の自由度を高めるためには、非個人情報として収集することが有効であるが、他方で、ビッグデータとして利用する場合であっても、「個人に関する情報」（特定の個人との対応関係のある情報）として収集した方が、多角的に分析することが可能であるためデータとしての価値は高い。

個人情報とは、①生存する個人に関する情報であって、②当該情報に含まれる氏名、生年月日その他の記述等により特定の個人を識別することができるもの（他の情報と容易に照合することができ、それにより特定の個人を識別することができることとなるものを含む。）か、③個人識別符号が含まれるもののいずれかに該当するもの（法２条１項）をいうところ、①の「個人に関する情報」であっても、②および③の要件に該当しなければ、そもそも「個人情報」にはならない。

　つまり、収集した情報の中に、氏名や容貌（顔）、個人識別符号としての生体認証情報や公的番号を含まなければ「個人情報」には該当せず、それを集約したデータベースも「個人情報データベース等」にはならないのである（**第７講④**参照）。

　たとえば、紙媒体によるアンケートを収集したり、オンラインサービスでアクセスログを取得する場合等においても、記名式であるか無記名式（匿名）であるかによって、その後のデータのビジネス利用の自由度は大きく異なるわけである。

　特定の個人の行動を分析して当該個人に対して直接広告や営業を行うような目的であれば、個人の氏名や連絡先等を取得しておくことは必須であると思われるが（この場合もオンラインであれば氏名は不要でCookieのみで対応可能という場合もある。）、ターゲット層やマーケットの動向等を知りたいといったビッグデータとしての利用であれば、情報項目としては、年齢や性別、居住地域等の属性情報のみと行動履歴の情報があれば足り、あえて氏名や連絡先等を取得しない方がビジネス利用の自由度は高い。

　なお、収集時において個人情報に該当しなければ、その後のビジネス利用は個人情報保護法による規制の対象外となるが、一旦氏名等を取得して「個人情報」に該当してしまうと、事後的に

「個人に関する情報」を維持しながらも氏名や容貌（顔）等の識別情報を消去することで、同じ内容のデータに加工しても、法的には「個人情報」でなくなるわけではなく、厳格な加工要件を定める「匿名加工情報」に加工しなければ、個人情報保護法の規制を免れられない。そのような意味で、収集時において最初から個人の氏名等の識別情報を取得しないことが重要になるのである。

② 統計情報に加工

次に、個人情報データベース等を「統計情報」に加工することで、その後は個人データに対する規制の対象外とすることができる。

「統計情報」とは、複数人の情報から共通要素に係る項目を抽出して同じ分類ごとに集計して得られるデータであり、集団の傾向又は性質などを数量的に把握するものである（「個人情報の保護に関する法律についてのガイドライン（匿名加工情報編）」（ガイドライン（匿名加工情報編））4頁）。

たとえば、顧客ID、顧客の氏名、住所、生年月日、購入日時、購入商品、数量等が記録されたデータベースを「統計情報」に加工する場合には、顧客の氏名や顧客IDといった個人単位になっているデータ構造を変更する必要がある。具体的には、購入商品をキーとして年齢層ごとの購入者数が何名といった情報に加工するとか、購入日時をキーとして年齢層ごとの平均購入金額を出すなど、個人との対応関係を排斥した状態に変更する必要がある。

たとえば、以下のような顧客の購入履歴のデータベースを前提とした場合に、顧客IDをキーとして各顧客がどのような商品を何個買っているかを示したデータベースである場合には、当然のことながら、個人情報である。

顧客 ID	氏名	商品 ID	購入商品	購入数量
0001	A	10001	商品 a	3 個
0002	B	10002	商品 b	5 個
...				

　これを、以下のような形で商品 ID をキーとして収集した場合には、特定の個人をキーとして収集していないので、個人情報には該当しない。

商品 ID	販売商品	販売日	購入顧客数	販売数量
10001	商品 a	2020/1/1	1 名	3 個
10002	商品 b	2020/1/2	1 名	5 個
...				

　上記のデータベースのうち、前者は顧客 A がどのような商品を買ったかの分析に使えるため、特定の個人にアプローチする際に利用可能なデータである。他方で、後者のデータは、どの商品がどのくらいの顧客にどの程度買われているかの分析に使えるが、特定の個人にアプローチする際の顧客分析には使えない。

　ところで、統計情報として個人情報を利用する場合に、プライバシーポリシー等で、個人情報の利用目的として「特定の個人を識別できない形式に加工した統計情報を作成する」旨を定める事業者も多いが、これは「統計情報」といわゆる「匿名加工情報」と混同しているものと思われる。

　「個人情報」をベースに、ある一人の人物の購買履歴や移動履歴等の情報のように「個人に関する情報」(個人との対応関係のあ

2　統計情報に加工

85

る情報）（**第7講**②参照）である点は維持しながら、氏名等を削除して特定の個人を識別できない形式に加工するものが「匿名加工情報」であるのに対し、「統計情報」は、そもそも「個人に関する情報」ではない形式に加工するものである。それゆえに、統計情報として利用する場合には、匿名加工情報と区別する観点から「個人との対応関係を排斥した統計情報を作成する」と記載する方がより正確ではあると思われる。

　また、個人データのビジネス利用において、統計情報として利用すべき場面は匿名加工情報として利用する場面とは異なると思われ、統計情報と匿名加工情報では、加工後のビジネス利用の自由度に差異があるため、想定している自社の提供するサービスにおいては、どちらの情報に加工すべきかを意識することが重要である。

　個人情報データベース等を保有する事業者が、提供先が求める情報のオーダーを受けて自社の保有する個人データを分析して、その分析結果を提供するのであれば、個人との対応関係を排斥した統計情報（マーケット情報等）の形式で提供することが可能になる。この場合、提供元においてデータ分析を行う能力を有するか、あるいは提供元が分析事業者に委託するなどしてオーダーに沿った分析を行えることが必要となる。

　たとえば、小売業者が商品のメーカに販売動向としてPOSデータを提供する場合、どの商品がどの期間にどの世代にどの程度売れたのかという個人との対応関係を排斥した統計情報の形式で提供すれば足りる。

　他方で、提供元において個人データを分析することは行わず、提供先において独自にデータ分析を行いたい場合には（提供先はどのような分析を行うかを提供元にも知られたくない場合等も含む。）、

第8講　個人データの用途に適した加工

提供元としては個人情報データベース等を加工して分析用のデータを作成して提供することになるが、個人との対応関係を維持した形式（個人に関する情報）の方が、提供先において地域や性別、年齢層等の属性に応じた多角的な分析が可能となる点でデータとしての価値が高いため、実務においてはそのようなデータの形式で提供することを求められることが多い。このような個人との対応関係は維持しながら、特定の個人を識別できない形式に加工して提供する場合には「匿名加工情報」に加工すべきということになる。

　たとえば、上記の POS データについて、小売業者が分析するのではなく、氏名や会員 ID 等を抹消して個人単位での商品の購入履歴を商品のメーカに提供し、商品のメーカが新商品の開発等の目的でデータ分析を行う場合には、匿名加工情報として提供することになる。

③　匿名加工情報に加工

　匿名加工情報は、2013 年の JR 東日本による Suica の乗降データの提供事案を契機として、2015 年度の個人情報保護法の改正によって導入されたものである。

　JR 東日本は、日立製作所に対して 4,400 万枚の Suica の乗降履歴データ等を、利用者 ID である SuicaID 番号を別の変換番号に置換して特定の個人を識別できない形式に加工した上で提供していたが、JR 東日本においては加工後も Suica の元データと容易に照合が可能であったのではないかとして、個人データの第三者提供の制限に従い、オプトアウト手続を行っていなかった点を問題視された。

　これによって、日本においては、個人データを特定の個人を識

別できない形式に加工した上でビッグデータとして利活用するビジネスに対する否定的な世論が形成されてしまい、個人に関するデータのビジネス利用を拡大することが困難になった。個人情報保護法の改正によって、このような利用形態を「匿名加工情報」という新たなカテゴリを設けることで、ビッグデータとしてのビジネス利用を実施しやすい環境を整備しようとしたのである。

「匿名加工情報」に加工すれば、目的外利用の禁止や第三者提供の制限が適用されず自由に利用可能となるが、他方で、「匿名加工情報」を作成した場合には当該匿名加工情報に含まれる個人に関する情報の項を公表したり、第三者に提供する場合には、あらかじめ、第三者に提供される匿名加工情報に含まれる個人に関する情報の項目およびその提供の方法について公表するとともに、当該第三者に対して、当該提供に係る情報が匿名加工情報である旨を明示しなければならないといった規制を受けることになる。

「匿名加工情報」については、従前は「個人データ」のカテゴリに含まれていた情報に対して規制緩和によって利用可能になったかのように誤解されることが多いが、実際には、**従来においては氏名等の識別情報を含まず、かつ容易照合性のないような「非個人情報」であった情報を、「匿名加工情報」として新たに規制の対象としたものであり、規制強化になっている**といえる。

このようにして、もともとは個人情報に対する規制の対象外にあった、他の識別情報・個人識別符号を含む情報と容易照合性のないビッグデータが「匿名加工情報」として規制の対象になったのである。

④ 匿名加工と容易照合性との関係

個人情報の要件のうち、①生存する個人に関する情報である

という要件に関して、個人との対応関係を排斥すれば「統計情報」となり、また、②データ内に識別情報・個人識別符号を含むか、または他の識別情報・個人識別符号を含む情報と容易照合性があるかという両要件に関して、データ内から識別情報・個人識別符号を削除し、かつ他の識別情報・個人識別符号を含む情報と容易に照合できなくすれば「匿名加工情報」となると整理すれば、「個人情報」との境界は明確であった。

しかし、匿名加工情報は、単純に容易に照合できないような措置を講じることを要件とするのではなく、**特定の個人を識別することができないように個人情報を加工し、当該個人情報を復元することができないようにすることを要件**とされた。そして、具体的には、①特定の個人を識別することができる記述等の削除、②個人識別符号の削除、③情報を相互に連結する符号の削除、④特異な記述等の削除、⑤個人情報データベース等の性質を踏まえたその他の措置を講じることが求められている（規則19条）。

個人情報への該当性の要件のうち、データ内に識別情報・個人識別符号を含むか、または他の情報と容易照合性があるかという両要件との対比でみた場合、上記の匿名加工の①識別情報の記述の削除および②個人識別符号の削除の要件は、氏名等の識別情報・個人識別符号を含むことが個人情報の該当性の要件とされているため、これらを削除するのは当然である。また、③情報を相互に連結する符号の削除も、いわゆるIDを用いてデータベース間での照合を容易にできなくするために削除するのも当然である。

もっとも、④の特異な記述等の削除と⑤個人情報データベース等の性質を踏まえたその他の措置については、個人情報への該当性の要件との関係においては求められていない要件である。

④の特異な記述等の削除については、ガイドライン（匿名加工

4　匿名加工と容易照合性との関係

89

情報編）においては、症例数の極めて少ない病歴を削除するとか、年齢が「116歳」という情報を「90歳以上」に置き換えるといった措置が例示されているが（13頁）、個人情報への該当性においては、顧客を対象とした無記名のアンケートに氏名の記載欄がなくても年齢欄に116歳と記載されたら、顧客のデータベースと年齢で照合して特定できるから個人情報に該当するとは一般的には理解されていないところである。

　さらに、⑤個人情報データベース等の性質を踏まえたその他の措置については、ガイドライン（匿名加工情報編）においては、移動履歴を含む個人情報データベース等を加工の対象とする場合において、自宅や職場などの所在が推定できる位置情報（経度・緯度情報）が含まれており、特定の個人の識別または元の個人情報の復元につながるおそれがある場合に、推定につながり得る所定範囲の位置情報を削除するといった措置が例示されているが（14頁）、個人情報への該当性においては、スマートフォンのアプリを通じて利用者の移動履歴を収集して道案内を行うナビゲーションサービスにおいて、サービス提供事業者は、利用者の自宅等の推定につながりうる位置情報が含まれているか否かを確認することまでは通常行っておらず、氏名等を登録せずに利用可能なサービスである場合には、収集した移動履歴は個人情報には該当しないと一般的には理解されているところである。

　これに対し、「容易照合性」とは、それ自体では特定の個人を識別することができない情報であっても、その情報を取り扱う事業者が、特別の調査を行ったり特別の費用や手間をかけたりすることなく、当該事業者が行う業務における一般的な方法で、他の情報との照合が可能な状態にあることをいうとされる（個人情報保護委員会事務局「匿名加工情報　パーソナルデータの利活用促進と

消費者の信頼性確保の両立に向けて」（事務局レポート）14 頁）。

「当該事業者が行う業務における一般的な方法」の詳細については明確にされていないが、（氏名等の識別情報を含んだ）他の情報に容易に照合できるようにするための ID 等の情報を相互に連結させる符号が設定されている場合を想定していると思われる。そのような符号が設定されてないデータであるにもかかわらず、識別情報を含んだ他の情報と照合したときに、該当する年齢の者が 1 人しかいないとか、データ内の多数の情報項目を合わせていけばそれらのすべてを満たす者が 1 人しかいないという理由で、結果として特定の個人を識別できたとしても、他の情報と「容易に」照合できるとは言いがたいように思われる。

このように、従来は①ないし③の要件を充足した場合には、容易照合性の要件を欠いているとして、非個人情報として自由に利用し得た情報が、匿名加工情報の創設によって、④および⑤の要件を充足しなければ自由に利用できなくなったとみることもできる。そして、ビッグデータとして多数の個人に関する情報を集積したデータをビジネス利用する場合に、上記のような特異な記述等や推定につながる情報を確認して削除するのは事業者にとって多大な負担となるところであり、匿名加工情報が実務において利用しにくい理由となっている。

⑤ 事後的に容易照合性を欠くに至った場合の取扱い

個人情報保護委員会は「匿名加工情報は、特定の個人を識別することができず、作成の元となった個人情報を復元することができないように加工したものであり、さらに、個人情報に係る本人を識別することを禁止する等の制度的な担保がなされていることから、作成の元となった個人情報を通常の業務における一般的な

方法で照合することができる状態にある（すなわち容易照合性がある）とはいえず、個人情報に該当しないとされるものである。」との見解を示しているため（事務局レポート14頁）、匿名加工を行えば容易照合性の要件を欠くと整理されているが、その逆の場合、すなわち、個人情報として収集した後に、事後的に容易照合性を満たさなくなった場合については言及されていない。

匿名加工情報は、所定の措置を講じて特定の個人を識別することができないように「個人情報」を加工して得られる個人に関する情報であることを要件とされているため、そもそも事後的に情報を相互に連結させる符号を削除する等の加工を行うことによって容易照合性の要件を欠くに至った場合には、そもそも「個人情報」ではなくなる。その結果、容易照合性を欠くような加工を行った情報については、非個人情報であるため、匿名加工情報としての加工を要しないという解釈になるが、これでは匿名加工情報の適用対象となる場面がなくなってしまう。

このような場合の取扱いについては、匿名加工情報の創設によって、事後的に容易照合性の要件を満たさないという情報形態は否定されており、一旦個人情報となった情報については、匿名加工情報の要件を充足しない限りは、個人情報のままであるという理解をするほかないと思われる（**第12講**4参照）。

6 ビッグデータの価値と対応表の問題

氏名等の識別情報を含まない個人の行動履歴データをビッグデータとして販売する場合には、長期間にわたり継続的にデータを分析する方がその動向の変化を捉えることができるため、一般的には、利用者の氏名等の識別情報は消去するとしても、特定の人物には同じID番号を付与して継続的に当該利用者の行動履歴

を管理できる方がデータとしての価値が高い。

　たとえば、駅の乗降履歴データを四半期ごとに継続的に提供する場合に、1回目に提供された2013年4月から6月までの期間の利用分の乗降履歴データにおいてSuicaID番号0001番を置き換えた識別番号が000A番の利用者については、2回目に提供される2013年7月から9月までの期間の利用分のデータにおいても同じ番号である000A番と置き換えれば、2013年4月分から9月までの期間を通じて当該000A番の利用者の利用動向を分析できるということである。

　そのためには、特定のSuicaID番号の利用者を別の識別番号に変換する際に、特定の識別番号に置き換えられるようにするために、SuicaID番号と変換後の識別番号を対照するための対応表が必要となる。対応表は、あくまで同じ人物には同じ識別番号で置き換えるために利用するものであり、識別番号からどの人物の利用履歴であるかを再識別するためのものではないが、このような対応表が存在する場合には、2015年度の個人情報保護法の改正前においては、個人情報に該当するのではないか、改正後においても、匿名加工情報と認められないのではないかという形で問題となった。

　改正前においては、2013年に開催されていた内閣府の規制改革会議・創業等ワーキング・グループにおいて、JR東日本の事例をベースとして、当時個人情報保護法を所管していた消費者庁に対して、提供元が対応表を保有していても個人情報には該当しないのではないかを照会していたが、消費者庁からは、提供元において対応表を保持している場合には、個人情報に該当するという見解が示されていた。

　その後、2015年度に個人情報保護法の改正がなされたが、匿

名加工情報については、情報を相互に連結させる符号を削除することが求められ、かつ識別行為（再識別化）の禁止が義務づけられたため、やはり提供元に対応表が存在していると再識別化が可能であり、匿名加工情報にはならないのではないかと問題視された。

　最終的には、個人情報保護委員会から、2017年に「匿名加工情報の作成事業者内部において、匿名加工情報に加工される前の元となる個人情報や加工方法等に関する情報が保存されることは制度的に前提とされており、作成事業者の内部に存在し、かつ識別行為の禁止義務の対象である対応表について、特別に危険視することは適当ではないものの、識別行為の禁止及び加工方法等情報の安全管理措置等の匿名加工情報の取扱いに関する義務を守ることが当然に必要である。」（事務局レポート14頁）との見解が示されて、現在では匿名加工情報と元の個人情報のIDの対応表が存在していても匿名加工情報であることが否定されるわけではないことが明確になっている。

⑦　仮名加工情報に加工

　2020年度の個人情報保護法の改正によって、「仮名加工情報」というカテゴリが新たに設けられたが、当該制度は、匿名加工情報のように、積極的に個人に関するデータのビジネス利用を目的としたものではない。

　仮名加工情報は、匿名加工情報のように再識別化ができないような厳格な措置を講じることまでは求められておらず、氏名等の識別情報や個人識別符号を削除して、他の情報に照合しない限りは特定の個人を識別できないように個人情報を加工すれば足りる。

　仮名加工情報に加工しても、基本的に「個人情報」に対する規

制は適用されることになるが、情報漏洩等の報告義務と保有個人
データに対する開示、利用停止、訂正、削除および第三者提供の
停止等の本人からの請求への対応義務が適用されなくなる（新法
35条の2第9項）。このようなカテゴリの類型を創設した理由は、
いわゆるデータポータビリティ制度の導入に伴う事業者の負荷軽
減である（**第19講**③参照）。

　2020年度の個人情報保護法の改正によって、保有個人データ
の開示請求に関して、本人から「保有個人データの電磁的記録の
提供による方法」での開示を請求することができるようになった
が（新法28条）、事業者がビッグデータとして分析に用いるため
に保有するデータについては、氏名等の識別情報や個人識別符号
を分析用のデータベースに取り込まず、顧客マスタ等に照合しな
い限りは特定の個人を識別できないようにした場合には、開示等
の義務を免れることができるようにしたのである。

⑧　プライバシーガバナンスの視点

　以上のように、漫然と個人情報を取得して保存・管理するので
はなく、個人に関する情報を、特定の個人を識別して直接広告や
営業を行う目的であるのか、いわゆる市場や販売動向の調査のた
めに個人の属性に着目して分析する目的であるのか、あるいは統
計情報として利用する目的であるのかといったデータの利用目的
を明確にし、その目的に応じてそもそも必要もなく氏名等の識別
情報を取得しない、あるいは識別情報の削除等のデータを適切に
加工して利用することを、法的な義務ではないが、法制度上望ま
しい取扱いとして求めているといえる。

　これまで、日本の多くの事業者は個人データに対しては、コン
プライアンス（法令遵守）の観点から、個人情報保護法に基づく

個人情報取扱事業者の義務に抵触しないようにするといった受動的な対応にとどまってきたように思われる。

　しかしながら、実際には、JR東日本によるSuicaの乗降データ提供事案のように、法令に抵触しているといえるかは不明確な事案でも、プライバシーへの配慮が不十分であるとして、社会的に非難を浴びた例は多数存在し、それが事業者における個人に関するデータのビジネス利用に萎縮効果を及ぼしてきたことは否定できない。他方で、グローバルには、データローカライゼーション政策の下で、各国がパーソナルデータの取扱いの規制に対する制裁強化（GDPRの多額の制裁金等）の方向性にあることも踏まえ（**第2講2参照**）、**プライバシー問題を経営戦略の一環として捉え、プライバシー問題に対して能動的に対応**することで、社会の信頼を得て、企業価値向上につなげるという考え方が広がってきている。

　2020年8月に経済産業省と総務省が「企業のプライバシーガバナンスモデル検討会」にて策定した「DX時代における企業のプライバシーガバナンスガイドブックver1.0」においては、企業がプライバシー問題を「コンプライアンスコスト」として捉えて、その対応を合理化しようとする姿勢は適切ではないとし、「プライバシー問題の適切なリスク管理と信頼の確保による企業価値の向上に向け、経営者が積極的にプライバシー問題への取組にコミットし、組織全体でプライバシー問題に取り組むための体制を構築し、それを機能させることが、基本的な考え方となる。」と重要な指摘がなされている。

　このように、個人データのビジネス利用を考える事業者においては、個人データやプライバシーに対する向き合い方を改め、個人に関するデータについては利用目的を明確にし、その利用目的

に応じてデータを適切に加工して安全に利用することが求められている。

第9講
オンラインにおける個人に関する
データの取扱いの実態

①　オンラインにおいて個人はどのように特定されているか

オンラインでのサービス利用等においては、ユーザIDが氏名と同様に、他の利用者と区別する手段（識別子）として機能しており、その意味では「氏名」とその役割において大差はない。

そこで、2015年度の個人情報保護法の改正によって、他者との識別に用いられる一定の識別子も個人情報として保護するため、「個人識別符号」という概念が追加されたが、特定のオンラインサービスにおけるユーザID自体は、当該サービスにおいて他者と識別されるものであって、社会一般において他者と識別できる機能を有するものではないため、現在においては個人識別符号とはされていない（**第7講**⑤参照）。

ただ、個人識別符号は、個人に関する情報を管理するために用いられるキーとして、社会一般において個人と1対1の関係で紐付いている符号を規制の対象とするものであるが、Webマーケティングの分野におけるCookieについては、個人のオンラインにおけるアクセス履歴を管理するキーとして機能しているところである。

第9講　オンラインにおける個人に関するデータの取扱いの実態

98

② Cookie は個人識別符号と指定されるか

オンラインでウェブサイトを閲覧する場合、ユーザの PC やスマートフォンは、アクセスしたサイトにウェブページの閲覧要求を行い、サイトからウェブページの情報をダウンロードして、ブラウザでそのページを表示している。このように、バックグラウンドでユーザの PC 等のブラウザとウェブサイトのサーバとの間でデータのやりとりを行っているが、そのアクセスしたウェブサイトが当該ユーザの識別情報として発行し、当該ユーザの PC 等に保存するものが Cookie である。当該ウェブサイトにおいてユーザと Cookie は 1 対 1 の関係で紐付けられることになる。なお、ユーザのアクセス履歴自体は、ウェブサイトのサーバ内に記録されており、ユーザの PC 内に保存されているわけではない。Cookie はサーバに記録されているアクセス履歴を引き出すための識別子（ID）である。

ウェブサイトのサーバは、ユーザがウェブサイトにアクセスした際に、当該ユーザを識別する Cookie を発行して PC 等に保存させ、当該ユーザが再度ウェブサイトにアクセスした際に Cookie を送信させることでユーザを識別している。Cookie によって、ユーザは再度ログインしなくても従前のログイン状態を維持できたり、ショッピングサイトのカート内に選択した商品が入ったままの状態を維持できたりするのである。

このような Cookie は、ユーザがアクセスした当該ウェブサイトによって作成されるものであり、かつ、当該発行したウェブサイトのみが使用することができるもので、他のウェブサイトのサーバが取得して利用することはできない。このような Cookie は**ファーストパーティCookie** と呼ばれており、ここで

のCookieによるユーザの識別は、あくまで当該ウェブサイトにおいてのみ行われるため、社会一般において個人と1対1の関係で紐付けられている符号とはいえない。

これに対し、アクセスしたウェブサイトのサーバではなく、そのウェブページに表示されている広告コンテンツ（バナー広告や画像など）を保有している広告配信サーバ等のアクセスしたウェブサイトではない第三者によって作成されるCookieがある。このようなCookieは**サードパーティCookie**と呼ばれている。

たとえば、ユーザがウェブサイトXを閲覧した際に、そのウェブサイトXのウェブページにバナー広告を設定していた広告配信サーバZからCookieを受け取ることになる。当該広告配信サーバZが別のウェブサイトYにもバナー広告を設置していた場合、ユーザのブラウザは、最初のウェブサイトXを訪れたときに受け取った広告配信サーバZのCookieを、別のウェブサイトYを閲覧した際にも広告配信サーバZに送信することになる。その結果、広告配信サーバZは、ユーザがウェブサイトXとウェブサイトYの2つのウェブサイトを閲覧したことを把握することができるのである。

あるショッピングサイトで商品をカートに入れた後に、別のウェブサイトを閲覧した際に、カートに入れた商品と同種の商品がお勧め商品として広告表示されることがあるが、これはサードパーティCookieを通じて、広告配信サーバが最初のショッピングサイトで商品をカートに入れたユーザであると識別して別のサイトでのバナー広告に配信しているのである。

このように、広告配信サーバは、多数のウェブサイトにバナー広告を設置して、各ウェブサイトを閲覧したユーザのブラウザとCookieをやりとりすることによって、特定のユーザがどのよう

なウェブサイトを閲覧しているのかの情報を収集しているのである。

広告配信サーバがサードパーティCookieを発行できるウェブサイトが拡大していき、かつこれを利用する広告主も増加すると、Cookieは、ユーザとウェブサイトとの1対1の関係といった特定のサービスの枠内においてユーザを識別するという枠にとどまらず、オンライン広告の領域においては、ユーザと1対1の関係で紐付いている符号として広く社会一般において利用されていると評価しうるところである。

また、最近は、スマートフォンやタブレット端末を1人1台利用するようになってきているが、スマートフォンやタブレット端末にインストールするアプリについても同様の広告識別子が存在する。たとえば、AppleのiPhoneやiPad等のiOSの端末は「Advertising Identifier（IDFA）」、GoogleのAndroid OSは「Android Advertising ID（AAID）」が提供されており、このIDを用いてCookieと同様にユーザを追跡することができる。

このようなオンラインでのCookieの役割を踏まえて、EU一般データ保護規則（GDPR）においては、Cookie等のオンライン識別子はパーソナルデータとされており、Google ChromeやAppleのSafariといったブラウザにおいても、最近では自主規制としてサードパーティCookieを排除するような対応が講じられている。

しかしながら、日本の個人情報保護法においては、Cookieや広告識別子は、いまだ個人識別符号とはされていないが、少なくともサードパーティCookieについては、Webマーケティングの現状を踏まえれば、社会一般において他者と識別できる機能を有しているとみる余地もあり、日本における個人識別符号の枠組み

で考えても、今後指定される可能性は高いと思われる（**第7講5**参照）。

③ Cookie シンクの仕組み

Cookie シンクとは、利用者がウェブサイト訪問やバナー広告をクリックした際に、その利用者に対して発行された Cookie を、別のウェブサイトで発行された Cookie に紐づけ、Cookie を統合することである。これにより、利用者の別のウェブサイトにおけるアクセス履歴も統合されるため、収集できる特定の利用者のアクセス履歴情報が拡大することになる。前記のとおり、Cookie は他のウェブサイトが勝手に取得することはできないが、第三者にユーザの Cookie を提供して、**Cookie 同士を紐付けて統合**させることで、実質的に他のウェブサイトにも利用させることが可能になる。

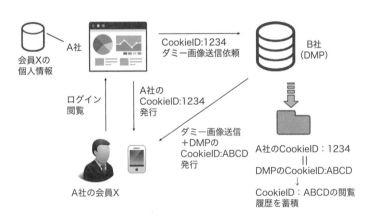

たとえば、上記の図で、A 社の会員である X が A 社の会員サイトにログインした際に、A 社から X に対してオンラインで固

有の Cookie：1234 を発行し、X のスマートフォンに保存させる。それと同時に DMP 運営事業者 B 社に対して、A 社が X に発行した Cookie：1234 を送信するとともに、A 社の会員サイトに B 社によって設置された広告やダミー画像（Cookie は、ブラウザ上にウェブページや広告を表示させた時に、そのページや広告の管理者から発行される仕組みであるため、Cookie を発行するためには、広告や目に見えないダミー画像を表示させる必要がある。）を配信するように依頼する。B 社は A 社の指示に基づき、X のスマートフォンに広告やダミー画像を配信する際に B 社独自に X 固有の Cooike：ABCD を発行し、X のスマートフォンに保存させる。それによって、B 社においては X であることは分からないが、A 社における Cookie：1234 が B 社における Cookie：ABCD が同一人であることが把握できることになる。

　その後は、B 社は、Cookie：ABCD の者（X）がオンライン上でどのようなサイトを閲覧しているかを収集して蓄積しておき、A 社から A 社が発行した Cookie：1234 の閲覧履歴が欲しいと依頼されれば、B 社における Cookie：ABCD の者の閲覧履歴を提供し、A 社は、自社サイト以外での閲覧履歴の情報である B 社から提供された Cookie：1234 の閲覧履歴も含めて X の閲覧履歴として分析し、A 社においては自社で保有する X の顧客情報と紐付けて分析することで、X の興味・関心を踏まえた有効な営業を行うことができるわけである。

　このような Cookie シンクの仕組みが実務において問題となったのが 2019 年の大手就職情報サイトによる内定辞退率の提供事案である。

就職情報サイトを運営するリクルートキャリア（RC社）は、「リクナビDMPフォロー」というサービスにおいて、求職者である学生の一部から同意を得ないまま、就職情報サイトでの学生のアクセス履歴を収集して算出した学生ごとの内定辞退率を募集企業へ提供するサービスを行っていた。

具体的には、募集企業は、RC社の運営する就職情報サイト上のウェブアンケートを通じて、学生から氏名等を取得する際に一人ひとりに自動的に管理番号を付与するようにし、RC社は、学生の氏名は取得せずに管理番号のみ取得し、その管理番号と紐付けて学生のブラウザにCookieを発行していた。RC社は、就職情報サイトにアクセスした利用者のブラウザからCookieの送信を受けて、Cookieを用いてユーザを識別して、Cookieをキーとして、当該ユーザが就職情報サイト内での募集企業のページを閲覧したアクセス履歴を収集していた。

その上で、RC社は、募集企業から学生の管理番号を用いて内定辞退率の照会を受け付け、当該管理番号に対応したRC社のCookieに紐付けられたアクセス履歴を分析して内定辞退率を算定し、募集企業に提供していた。募集企業においては、管理番号と学生の氏名を照合することで、RC社から提供された内定辞退率がどの学生のものかを特定でき、個人データとして利用可能になるわけである。

RC社においては、Cookieをキーとしてアクセス履歴を収集し、学生の管理番号とCookieとを紐付けて管理していたが、学生の氏名等の識別情報は取得していないため、個人情報には該当しない。また、RC社と募集企業との間では学生の氏名等の識別

情報を含んだ個人データはやりとりされておらず、リクナビから募集企業に管理番号に対応したアクセス履歴の分析結果である内定辞退率を提供したとしても個人データの提供にはならない。

　個人情報保護法は、第三者提供の制限においては、個人データの提供元において個人データに該当するか否かで規制対象となるかを判断するため（提供元基準説）、提供元において個人データでなければ、提供先において個人データであっても、第三者提供の制限の対象とはならず、本人からの同意を得たり、オプトアウトを実施する必要がない。このような規制の仕組みを逆手に取ったのが上記のスキームである。

⑤　個人関連情報に対する規制（改正法による新設）

　リクナビ DMP フォローのように、提供元においては、個人の氏名等を取得せずに個人識別符号には該当しない別の ID をキーとすることで非個人情報として情報を収集し、その ID を顧客である提供先と共有し、当該 ID と個人の氏名等の識別情報を紐付けて管理している顧客に提供することで、実質的に非個人情報として第三者提供することができる。Cookie シンクは、この ID として Cookie を利用しており、リクナビ DMP フォローでは募集企業が設定した管理番号を利用しているのである。

　このような個人データの第三者提供の制限の潜脱に対しては、2020 年度の個人情報保護法の改正において、「個人関連情報」として規制されることになった。

　「個人関連情報」とは、生存する個人に関する情報であって、個人情報、仮名加工情報および匿名加工情報のいずれにも該当しないものをいうと定義されている（新法 26 条の 2）が、実質的には、氏名や容貌（顔）等の識別情報や個人識別符号を取得せずに

収集し、またはそれらを消去し、かつ他の情報と照合して特定の個人を識別することができないようにした、生存する個人に関する情報ということである。

（個人関連情報と他の類型との関係）

元データ	加工方法	類型
個人情報 ①生存する個人に関する情報 ②氏名等の識別情報・個人識別情報を含む／容易照合性のある他の情報との照合により特定の個人を識別可能	①を満たさないように加工	統計情報 →自由に利用
	②を満たさないように加工（当該個人情報を復元不可）	匿名加工情報 →目的外利用や第三者提供も可能
	②を満たさないように加工（提供先においては個人情報に復元可能）	個人関連情報 →提供元では同意取得の確認義務 →提供先では個人データとして取扱い
	②のうち識別情報と個人識別符号を削除（容易照合性はあり）	仮名加工情報 →開示等の請求への対応は不要
個人関連情報 ①生存する個人に関する情報 ②氏名等の識別情報・個人識別符号を含まない／容易照合性のある他の情報との照合により特定の個人を識別不可	―	個人関連情報 →提供元では同意取得の確認義務 →提供先では個人データとして取扱い

個人関連情報は、提供元においては、結果として匿名加工情報と情報内容としては同一になる場合もあると思われるが、匿名加工情報は再識別化が認められないのに対し、個人関連情報は、提供先において再識別化が想定されている点で異なる。

　そして、個人関連情報のデータベースを第三者に提供する際には、第三者（提供先）が個人関連情報を個人データとして取得することが想定されるとき、すなわち、提供先が保有している他の情報と照合して、提供した個人関連情報を再識別化することが想定されるときは、当該提供先に対し、本人の同意を得ているかを確認することが義務づけられる。

　個人関連情報に対する規制を受けて、個人関連情報を取得する提供先の事業者は、あらかじめ本人から同意を得ておく必要があるが、同意を得るタイミングとしては、顧客等の本人から氏名等の個人情報を取得する機会が合理的であり、具体的には、会員登録時における会員規約やアプリのインストール時における利用規約等に上記の同意文言を加えておく必要がある。

　なお、Cookie シンクによって、単に Cookie を統合して利用するだけでユーザの氏名や連絡先と統合して利用しない限りは、上記の規制の対象には該当しないため、Cookie シンク自体が禁止されたわけではない。

⑥　オンラインにおける問題がリアルな世界に拡大する

　以上のように、2020 年度の個人情報保護法の改正においても、Cookie を含む情報は個人情報に該当しないとされている。

　もっとも、オンラインにおいては、すでに氏名や容貌（顔）といった識別情報ではなく、Cookie やユーザ ID を用いてアクセス履歴等を集約管理されて広告配信等に広く利用されており、こ

れが提供先においてリアルな顧客の氏名等と結びつくことも、データの提供元の意図にかかわらず生じうるところであるため、個人関連情報の規制のみで十分であるかは疑問である。

　むしろ事業者間のデータのやりとりはCookieシンクやユーザIDで行い、個人データとしての利用時にだけ、氏名等と紐付けるような形で管理されるのが、データ管理や移送時における安全性の観点からも合理的であり、むしろ氏名や容貌（顔）または現状の個人識別符号（生体認証情報と公的番号）を含まなければ、原則として第三者提供の制限の対象にはならないという仕組み自体が、少なくともオンラインにおける実務には合っていないと思われる。

　グローバルにはEU一般データ保護規則（GDPR）やカリフォルニア州消費者プライバシー法（CCPA）等においても、Cookieやモバイル端末の広告識別子は個人データとなる識別情報の1つと捉えられており、また、ブラウザの提供事業者による自主規制が法制に先行しているところである。

　上記のようなプライバシーの問題は、これまではオンラインの世界におけるマーケティングや広告の分野で生じていたところであるが、スマートフォン・IoTやAIの利用の拡大に伴い、個人に関するデータが急激に増加しており、大手就職情報サイトによる内定辞退率の提供事案のように、リアルな世界に影響するような形で活用されてきている。

　日本においても、近い将来オンラインにおけるCookie等による個人の識別の問題についても、より実態に合わせた法規制を検討することが必要となってくるものと思われる。

個人情報の利用目的を特定する意味

①　個人情報の利用目的を特定して通知・公表する意味

　事業者が個人情報の取得時において、個人情報の利用目的を特定させ（法15条1項）、それを本人に通知・公表をしなければならない（法18条1項）という規制がある。この規制の目的としては、事業者による個人情報の利用の透明性を確保され、適正な取扱いが図られるからであるが、本人が事業者に直接自己の個人情報を提供する場合においては、本人に事業者の設定する利用目的を確認させて、自己の個人情報を提供するか否かの判断ができるようにする機能を果たしている。

　たとえば、あるアプリにおいて、アプリから得た位置情報や移動履歴情報から近隣の店舗等の広告を表示させるといった利用目的が設定されている場合に、そのような広告表示に利用されたくない人はアプリの利用を諦め、広告表示に利用されてもよい人はアプリを通じて位置情報等の個人情報を事業者に提供することを許容するといった選択ができるようになる。

　ガイドライン（通則編）において、利用目的の特定に当たっては、「個人情報が個人情報取扱事業者において、最終的にどのような事業の用に供され、どのような目的で個人情報を利用されるのかが、本人にとって一般的かつ合理的に想定できる程度に具体的に特定することが望ましい。」（26頁）とされているのはその

意図である。

　また、ガイドライン（通則編）においても、単に業種の明示だけであったり、「事業活動」、「お客様のサービスの向上」等のように抽象的、一般的な内容を利用目的とすることは、できる限り具体的に特定したことにはならないとされているが（27頁）、このような内容では、本人にとってはどのような利用目的で事業者が自己の個人情報を利用するのかが分からないため、本人が自己の個人情報を提供するか否かを判断できないからである。

　さらに、事業者が取得時に設定した利用目的の範囲を超えて個人情報を利用する場合には、あらかじめ本人の同意が必要とされているが（法16条1項）、これは本人が自己の個人情報の提供の前提としていた利用目的の範囲を超えて利用されるのであれば、そもそも個人情報の提供を拒否した可能性があるためである。

　このような観点からすれば、利用目的は事前の本人への通知または公表が必須とするのが、本人の権利利益の保護という点では合理的であるが、事前の対応を常に求めるとなると、たとえば自社のホームページ等で公表している利用目的の範囲外では、事前に利用目的を通知しないと本人の名前も聞けないことになりかねない（ただ、取得の状況からみて利用目的が明らかであると認められる場合として通知・公表義務の例外となる場合が多いとは思われる）。そのような過剰な対応を避けるために、事前の利用目的の通知・公表を義務づけているわけではなく、取得後速やかに本人に通知または公表することでも足りることになっている。

　実務においては、多くの事業者が自社のホームページ、店舗内やパンフレット等に個人情報の利用目的を記載して事前に公表しているか、アンケート用紙等に記載して明示していることが多く、少なくとも直接本人から取得する場合については、本人が自己の

個人情報を提供するか否かの判断ができるようになっていることが多いと思われる。

② 本人以外の者から間接的に個人情報を取得する場合

　事業者が個人情報を取得するのは、必ずしも本人から直接提供を受ける場合だけではなく、名簿データのように名簿業者等の第三者から購入して提供を受けたり、SNS 等での開示された個人情報をインターネットで収集したりするなど、間接的に個人情報を取得する場合もある。このような場合、名簿データの提供先の名簿業者は、名簿として第三者に販売することを利用目的として特定して公表した上で、本人から第三者提供の同意を得るか、あるいはオプトアウト手続（本人の請求があれば当該本人が識別される個人データの第三者提供を停止することを示して、当該事業者の名称と住所等の所定の事項について、あらかじめ本人に通知または本人が容易に知りうる状態に置くとともに、個人情報護委員会に届け出る手続）によって提供することが必要であるが、具体的な提供先の名称を特定しなくてもよく、また提供先においても取得時に本人に通知しなくてもよいため、従前は本人が自己の個人情報に関して、どのような事業者に提供され、どのように流通しているかを知ることはできなかった。

　もっとも、2020 年度の改正個人情報保護法により、個人データの第三者提供記録も事業者に対する開示請求の対象になったため（新法 28 条 5 項）、本人が提供元の名簿業者等に請求すれば提供先を特定することができるようになった

　ただ、本人が自ら SNS 等で開示した個人情報を事業者に収集されている場合には、当該事業者が本人に対して取得した事実を通知する必要はなく、利用目的を公表しておくことで足りるので、

本人はどのような事業者が SNS 等から自己の個人情報を取得して利用しているかを把握することはできない。

このように、事業者において本人から直接個人情報を取得しない形で間接的に収集されている場合については、本人に対して収集される前に取得する事業者の利用目的を確認する機会が提供されているわけではない。本人が最初に自己の個人情報を提供する際に当該事業者による第三者提供について同意した時点で、その後の自己の個人情報の流通について必ずしもコントロールできなくなることも了承しているとみられるのである。

もっとも、2020 年度の改正個人情報保護法により、不適正に収集された個人データやオプトアウト手続によって提供された個人データに対しては、さらなる第三者提供が禁止されることになったため（新法 23 条 2 項但書）、本人の関与がなく間接的に収集された個人データについては、その後の情報流通に制限が設けられることになった。

以上のように、本人が主体的に事業者の設定する利用目的を確認し、事業者による利用に応じたくなければ個人情報の提供を拒否すべきで、事業者による利用に応じるのであればその後の利用や提供に対しては、一定の理由がない限りは、本人の任意の判断で止めることはできないという整理になっている。

これに対し、欧米では、個人の自己情報コントロール権という考え方から、事業者が無断で個人情報を利用すること自体が違法であるため、事業者において積極的に個人情報の利用について本人から同意を得ることが必要という整理になり、事業者が主体的に本人に利用目的を確認させることが原則として求められており、利用目的の確認手続の主体が日本とは真逆になっている。

そのような意味で、日本の個人情報保護法は、事業者による個

人情報の利用に配慮した制度設計になっているといえる。

③ 直接書面等による取得の際に利用目的の明示が求められる理由

　本人から直接書面等により取得の場合には、本人に書面等を提供して記載させるために事業者側で書面等を準備しているはずであるため、本人に利用目的を「明示」（視覚的に確認できる形式で表示）することを求めても事業者の負担も少ない。また、本人にとっても、視覚的に確認できる形式の方が口頭で説明されるよりも正確に事業者の利用目的を確認できる。

　そこで、本人からの直接書面等による取得においては、単なる本人への利用目的の通知・公表ではなく「明示」を義務づけており（法18条2項）、積極的に事業者から本人に利用目的を確認させることを義務づけている。現在では、書面よりもウェブサイトやアプリの入力フォーム等から個人情報を取得することの方が多くなってきているが、これも書面と同じように画面上に利用目的を表示させることは容易であるため、本人に対する利用目的の明示が求められる。

　ただ、入力フォームの画面上に利用目的を表示しなければならないわけではなく、ガイドライン（通則編）においても、入力フォームのページで送信ボタン等を押す前に1回程度の操作で利用目的を確認できることが望ましいとされているため、実務上は、入力フォームのページの送信ボタン等のすぐ上の部分に、利用目的を表示したページへのリンクを設定するか、テーブルを設定してテーブル内で利用目的を記載した利用規約等を表示する方法で明示を行っている場合が多いと思われる。

　なお、直接書面等による取得の場合の「明示」ではなく、事業

者における一般的な利用目的の「公表」として、プライバシーポリシー等に利用目的を記載する場合があるが、それらのウェブサイトにおける掲載場所は異なる点に注意が必要である（**第11講**③参照）。

④ 利用目的の公表と直接書面等による取得の場合の明示の使い分け

　直接書面等による取得の場合には、取得時の書面等に利用目的を明示しておけばよく、ホームページでのプライバシーポリシー（個人情報保護方針）等における利用目的に列挙されていなくとも、明示した利用目的の範囲内で利用することは可能である。

　ホームページ等で公表するプライバシーポリシー等に、当該企業が提供するあらゆる製品・サービスにおける利用目的を網羅的に記載して、大量の利用目的が列挙されているものも存在するが、特定のサービスにおける限定的な利用目的まで網羅的に列挙すると、本人にとっては自身が実際に利用するサービスにおける利用目的がどれなのかが確認できなくなり、かえって不安感を与えることになる。

　あくまでホームページ等で利用目的を公表するのは、顧客等の個人に自己の個人情報を安心して提供してもらうことを目的としているのであるから、**当該事業者の製品・サービスに共通する一般的な利用目的のみを掲載**しておけば足り、特定のサービスにおける限定的な利用目的については、当該サービスの利用者から利用登録や会員登録として個人情報を取得する際に、入力フォームの画面で「明示」する形式で対応すべきである。

　また、プライバシーポリシーにおいては、「お客様から直接書面にご記入または電磁的方法にてご入力いただく方法でお客様情

報を取得する場合は、その都度利用目的を明示いたします。」等と注記して、直接書面等による取得のタイミングで個別のサービスにおける利用目的を示すことをあらかじめ案内しておくのが合理的である。

⑤ 提供後の個人情報の取扱い

　事業者が公表している利用目的を確認して自己の個人情報を提供した場合、あるいは確認せずに提供した場合においても、一旦提供した個人情報については、事業者に違法に取り扱われている場合を除き、利用停止や消去を求めることはできない（法30条1項）。また、事業者に対する第三者提供の同意等についても、一旦同意した後は撤回できないと理解されており、違法に提供されている場合を除き、第三者への提供の停止を求めることはできない（法30条3項）。

　このように、一旦提供された個人情報については、その後は原則として本人が任意に事業者による利用や提供を制限することはできないという整理になっている。

　これに対し、欧米では、事業者に自己の個人情報を提供したとしても、自己情報コントロール権を有しているため、原則として事業者に対して自由に消去や利用停止等を求めることができるという考え方になじむところである。ＥＵ一般データ保護規則（GDPR）においては、**消去権（忘れられる権利）**が認められており、また、一旦事業者に自己のパーソナルデータの取扱いに同意したとしても、いつでも撤回可能とされている。

　ただ、日本においても、2020年度の改正個人情報保護法により、「当該本人が識別される保有個人データを当該個人情報取扱事業者が利用する必要がなくなった場合」や「本人が識別される

保有個人データの取扱いにより当該本人の権利又は正当な利益が害されるおそれがある場合には、当該保有個人データの利用停止等又は第三者への提供の停止を請求することができる」（新法30条5項）として、利用停止や第三者提供の停止を求められる場合が拡大されている。

　以上のように、日本の個人情報保護法においても自己情報コントロール権の考え方に近づく傾向にある点に留意が必要である。

6　個人情報の利用目的をどの程度具体的に記載しなければならないのか

　事業者は、個人情報の利用目的を特定して本人への通知・公表を行うことが求められているところ、本人にとって一般的かつ合理的に想定できる程度に具体的に特定することが望ましいとされている。実際に公表されている企業のプライバシーポリシー等をみると、その利用目的の特定の程度はさまざまである。

　利用目的の特定は、前記のとおり、どのような利用目的で個人情報を利用するのかを事業者から本人に示させることで、本人が自己の個人情報を当該事業者に提供するか否かを判断できるようにするためである。そのような観点から、本人にとって、当然に想定される利用目的については、ある程度抽象的に記載しても問題はないが、本人にとって想定が困難な利用目的はより具体的に記載することが求められる。

　たとえば、事業者における一般的な顧客との取引において取り扱う個人情報については、以下のように利用目的で特定しておけば、顧客本人にとってもその具体的な利用態様については想定可能なところである。

①当社の製品・サービスの申込みの確認・提供、関連する保守・修理等に関する情報のお知らせのため

②当社および当社提携先の製品・サービスに関する製品情報・キャンペーン等の各種案内の提供、営業・販売のため

③当社の製品・サービスの企画・開発・改良のため※

④当社および当社提携先の製品・サービスに関連するアンケート等による調査・収集・分析のため

※製品等の企画・開発・改良については、そもそも特定の個人を識別して利用しているものではなく、個人情報の利用目的として列挙する必要がないようにも思われるが、たとえば、個人の顧客との実際の取引履歴のデータを顧客の氏名等の識別情報を仮名に置き換えるなどの加工をして、世代ごとの購買行動の変化や顧客ニーズの分析等に利用することもある。このような場合には特定の個人を識別して利用しているわけではないが、その分析対象データは氏名等を仮名に変更しただけで、必ずしも匿名加工ができているわけではないため、匿名加工情報にはならず依然として個人情報のままであり、それを上記の分析に利用するのであれば、利用目的に列挙すべきなのである。

上記の②の各種案内の提供について、顧客本人にとって、当該事業者からそのような各種案内を受け取ってもよいか、あるいは受け取りたくないかは判断可能であるため、各種案内の提供について、郵送なのか、電話なのか、メールマガジンなのか等の提供手段まで個別に特定しなくても足りると思われる。

そのような観点からは、「当社の提供するアプリにおける顧客の利用履歴に基づくクーポンその他の特典の提供のため」に個人情報（顧客によるアプリの利用履歴）を利用する場合は、上記②の「各種案内の提供」のために含まれるため、利用目的としての記載は不要とも思われる。ガイドラインにおいても「最終的に」どのような事業の用に供され、どのような目的で個人情報を利用さ

れるのかが想定できることを求められており、最終的には「クーポンその他の特典の提供」に用いるという意味では、上記②の「キャンペーン等の各種案内の提供」に含まれている。

しかしながら、アプリを利用したサービスにおいて、利用者の利用履歴の収集や分析自体がサービスに必須な機能ではない場合には、本人にとって想定することが可能な利用目的とも言いがたく、利用者によっては特典の付与のためとはいえ自己の利用履歴を分析されて評価されること自体に嫌悪感を持ち、アプリ自体の利用を止めて自己の個人情報の提供を拒否したいと考える場合もあると思われる。

それゆえに、個人情報である「アプリの利用履歴」を利用者に対する特典の内容を判断するのを行うために分析するという利用目的は、「最終的」な利用目的ではないものの、上記②の「各種案内の提供」から切り出して独立した利用目的として特定するのは望ましい対応であると思われる。

このように、より個人情報の取扱いの透明性を図る観点から、行動履歴を分析してその結果を特定の利用目的で利用する場合には、その中間的な利用目的も独立した利用目的として特定して公表する事業者が増えているところである。

なお、このような配慮に欠けた対応によって問題となったのが、2019年8月に個人情報保護委員会から指導がなされた、リクナビ DMP フォローの内定辞退率の提供事案である。

⑦ 大手就職情報サイトによる内定辞退率の提供事案における問題

大手就職情報サイト（リクナビ）を運営するリクルートキャリア（RC社）によれば、リクナビ DMP フォロー（**第9講**④参照）

とは、対象となる学生の方の選考離脱や内定辞退の「可能性」を示すサービスであり、募集企業には学生フォローのために活用してもらうことを目的としたものであった。

そして、具体的な個人情報（就職情報サイト上での閲覧履歴）の取扱いとしては、募集企業における前年度の選考離脱・内定辞退者の『リクナビ』上での閲覧・行動履歴から、当該募集企業に対する応募行動についての予測モデルを作成し、そこに当該募集企業から提供を受けた今年度の応募学生情報について、RC 社が保有する当該募集企業の予測モデルに、応募学生の『リクナビ』上での行動ログを照合することで、「学生からの辞退」という形で選考離脱や内定辞退が起こる可能性をスコア値にするというものであった。簡潔に言えば、前年度の内定辞退者のサイト上での閲覧履歴と似たような行動を取っていた応募学生については内定辞退の可能性が高いと評価していたということである。

このサービスに関して、実際に RC 社が定めていたプライバシーポリシーは以下のような内容であった（下線は筆者）。

◆属性情報・端末情報・位置情報・行動履歴等の取得及び利用について
・行動履歴等の利用について
当社は、本サービスにおいて取得した行動履歴等を用いて、ユーザに適切な広告を配信するために行動ターゲティング広告サービスを利用しています。
また、当社は、ユーザがログインして本サービスを利用した場合には、個人を特定したうえで、ユーザが本サービスに登録した個人情報、および cookie を使用して本サービスまたは当社と提携するサイトから取得した行動履歴等（当該ログイン以前からの行動履歴等を含みます）を分析・集計し、以下の目的で利用することがあります。

> ・広告・コンテンツ等の配信・表示等のユーザへの最適な情報提供
> ・採用活動補助のための利用企業等への情報提供（選考に利用されることはありません）
> 出典：問題となった当時の「プライバシーポリシー｜リクナビ 2020」

　RC 社の上記のサービスに関する説明によれば、募集企業が学生をフォローするという点で「採用活動補助のため」という利用目的が事業者によって「最終的に」どのように利用されるかを示しているということになり、個人情報保護委員会のガイドラインには明確には抵触していないということになると思われる。

　実際に、個人情報保護委員会は RC 社に対し、法令違反を前提とした是正勧告ではなく、以下のような指導を行うにとどまっている（下線は筆者）。

> （事実概要）
> 　プライバシーポリシー上で、現 DMP フォローにおける個人データを第三者である顧客企業へ提供することについて本人の同意を取得するための説明を行っていた。
> 　個人情報の保護に関する法律についてのガイドライン（通則編）においては「本人が同意に係る判断を行うために必要と考えられる合理的かつ適切な範囲の内容を明確に示さなければならない」とされている。しかしながら、リクルートキャリアのプライバシーポリシーの記載内容は、現 DMP フォローにおける個人データの第三者提供に係る説明が明確であるとは認め難い。
> （指導事項）
> 　今後、個人データの第三者提供に当たっては、本人が同意に係る判断を行うために必要と考えられる合理的かつ適切な範囲の内容を明確に示すこと
> 出典：個人情報保護委員会「個人情報の保護に関する法律第 42 条第 1 項の規定に基づく勧告等について」（令和元年 8 月 26 日）

最終的な利用目的が上記の説明とは異なり、提供先の募集企業において採用活動補助のためではなく、選考除外や内定の見送りに使われていたのではないかという問題もあるが、RC社の説明によれば、提供先の募集企業には、提供したスコアを選考における合否判断の根拠には使用しないよう約束をさせ、また、本サービスを提供する事前と事後に、担当者が実際の活用方法を確認していた旨を説明していることから、その点が問題であったとも言い切れない。

　ただ、個人情報保護委員会があえて「指導」に踏み切ったのは、「採用活動補助のため」という「最終的」な利用目的（その実態が事実であったかは別として）は示されていたとしても、「学生のサイト上での行動履歴」という個人情報を、前年度の内定辞退者のサイト上での閲覧履歴と似たような行動を取っていたかを評価するという分析のために利用するという利用目的が明確にされていなかった点にあると思われる。

　この点が、まさに前頁の指導事項にある「本人が同意に係る判断を行うために必要と考えられる合理的かつ適切な範囲の内容」であり、前記のとおり、どのような利用目的で個人情報を利用するのかを事業者に特定させて示させるのは、本人が自己の個人情報を当該事業者に提供するか否かを判断できるようにするためである。

　したがって、利用目的の特定においても、本人がサービス利用において想定していないような行動履歴の分析を含んだ利用目的については、最終的な利用目的が掲載されていたとしても、それとは別に切り出して独立した利用目的として特定することが望ましいと思われる。

⑧ 行動履歴の分析を含んだ利用目的の特定には注意が必要

　前記のような本人がサービス利用において想定していないような行動履歴の分析を含んだ利用目的の特定に関しては、個人情報保護委員会が2020年度の改正個人情報保護法の検討段階で公表していた「個人情報保護法いわゆる3年ごと見直しに係る検討の中間整理」において紹介されている、一般社団法人日本インタラクティブ広告協会（JIAA）の自主規制が参考になる。

　同協会の定める「行動ターゲティング広告ガイドライン」（https://www.jiaa.org/wp-content/uploads/2019/11/JIAA_BTAguideline.pdf）においては、行動履歴情報を利用した行動ターゲティング広告でのユーザへの「**透明性の確保**」（データの取扱いについての分かりやすい説明）と「**関与（オプトアウト）の機会の確保**」の徹底を原則としている。

　まず透明性の確保の観点から、行動履歴情報提供者が自ら取得した行動履歴情報を配信事業者に提供する場合は、①行動履歴情報を配信事業者に提供すること、②提供を受ける配信事業者、③提供する情報の範囲を、利用者に通知し、または利用者の知り得る状態に置くとともに、自社サイトのプライバシーポリシーなど分かりやすいページにおいて、配信事業社の告知事項を記載した配信事業者サイト内のページへのリンクを設置することを求めている。

　実際に第三者に対して行動履歴情報自体を提供しない場合であっても、その分析によって得られた結果を提供する場合には、上記と同様の情報項目を公表することが望ましい。

　また、利用者関与の機会の確保の観点からは、広告提供事業者

が利用者に対し、広告提供事業者が行動履歴情報を取得すること
の可否または広告提供事業者が行動履歴情報を利用することの可
否を容易に選択できる手段（オプトアウト）を、自らの告知事項
を記載したサイト内のページから簡単にアクセスできる領域で提
供することを求めている。

　個人データのビジネス利用に当たっては、これらの取り組みを
参考にして、利用者である本人に対して実質的な判断に必要な情
報を公開しても、本人から個人情報の提供を拒否されないような
サービス設計を行うことが重要である。

⑨　不当な行為を助長等する利用方法の規制（改正法）

　上記のリクナビ DMP フォローの内定辞退率の提供事案を受け
て、2020 年度の個人情報保護法の改正において、新たな規制の
枠組みが設けられた。
　「個人情報取扱事業者は、違法又は不当な行為を助長し、又は
誘発するおそれがある方法により個人情報を利用してはならな
い。」（新法 16 条の 2）という個人情報の利用方法自体に対する制
限を課す規制である。
　個人情報の利用については、利用目的の特定と公表、目的外利
用の制限がなされていただけで、利用目的自体は事業者が自由に
設定することができたが、上記の規制は利用方法自体を規制する
ものであり、これまでの規制の枠組みを大きく変更するものであ
る。そのような意味においては、この規制は、個人データのビジ
ネス利用に対する新たなグレーゾーンを生じさせるおそれがある
ものであり、今後のビジネスにおいても特に注意が必要である。
　その具体的な内容については、これからガイドラインにおいて
公表されると思われるが、想定されているものとしては、前記の

リクナビ DMP フォローの内定辞退率の提供事案における内定辞退率の算定や、2020 年 7 月に個人情報保護委員会が当該ウェブサイトを直ちに停止等するよう命令した、公開のウェブサイトにおける多数の破産者等の個人情報の無断掲載が挙げられる。

これらの個人情報の利用方法は、本人が第三者提供に一旦同意してしまった場合や、オプトアウト手続を行っているが、本人が提供の停止の要請を行っていない場合であっても、そのような利用によって本人が違法・不当な取扱いを受けるおそれがあるものである。さらに日本の個人情報保護法においては、前記のとおり、原則として一旦提供に同意してしまうと撤回はできないため（第三者への提供停止が請求できないため）、同意した本人は不当な取扱いから抜け出せないことになってしまう。

それゆえに、本人同意の有無にかかわらず、違法または不当な行為を助長し、または誘発するおそれがある方法による個人情報の利用を規制しようとするものであり、その規制自体は妥当であると思われるが、その規制の外縁が不明確であると、事後的かつ不意打ち的に当該規制の対象とされるおそれがある。

10 改正を踏まえた個人データのビジネス利用における実務上の留意点

上記のような改正による新たな規制も踏まえて、個人データのビジネス利用に当たっては、「最終的」な利用目的のみを公表するだけではなく、原則に立ち返って、利用目的の特定の際に本人が自己の個人情報を事業者に提供するか否かを判断できる程度に具体的であるかを検討することが重要である。

そして、ビジネスの中で取り扱う個人情報の情報項目を特定し、特に、個人の行動履歴のように、当該情報項目を分析して一定の

評価を行うために利用する場合には、独立した利用目的として特定して公表することを検討すべきであり、さらに、その分析結果が本人にとって不当な取扱いを助長・誘発するようなものであれば、そもそもそのような個人情報の利用自体を見直すべきである。

個人の行動履歴を分析して一定の評価を行うことについては、EU一般情報保護規則（GDPR）における「**プロファイリング**」に対する規制が参考になる。

プロファイリングとは、「自然人と関連する一定の個人的側面を評価するための、特に、当該自然人の業務遂行能力、経済状態、健康、個人的嗜好、興味関心、信頼性、行動、位置及び移動に関する側面を分析又は予測するための、個人データの利用によって構成される、あらゆる形式の、個人データの自動的な取扱い」をいうと定義されているが（4条）、簡潔に言えば、個人の外形的な行動や状態を分析して個人の内面や実態を推測するということである。このような取扱いは、本人の内面を直接的に確認せずに評価するため、他人に知られたくないことを推知されるという意味で、プライバシー保護の観点から問題視されているのである。

そして、GDPRにおいては、データ主体に関する法的効果を発生させる、または、**当該データ主体に対して同様の重大な影響を及ぼすプロファイリングを含むもっぱら自動化された取扱いに基づいた決定の対象とされない権利**（22条）が認められている（第5講⑧参照）。

前記の2020年度の改正個人情報保護法における不当な行為を助長等する利用方法の規制も同様に、個人情報の利用方法による本人に対する影響度を問題視しており、個人情報、特に個人の行動履歴をビジネス利用する場合には、プロファイリングによる本人に対する影響度は必ず検討することが必須である。

プライバシーポリシーの役割

① プライバシーポリシーの個人情報保護法上の位置づけ

個人情報保護法では、「個人情報取扱事業者は、個人情報を取得した場合は、あらかじめその利用目的を公表している場合を除き、速やかに、その利用目的を、本人に通知し、又は公表しなければならない」とされているところ（法18条1項）、実務においては、個人情報取扱事業者があらかじめ利用目的を公表する手段として、自社のホームページにおいて「プライバシーポリシー（個人情報保護方針）」を定めていることが多い。

もっとも、「プライバシーポリシー」は、法令上の制度として策定が義務づけられているものではないため、その形式は事業者によって異なり、プライバシーポリシーをあくまで当該組織における個人情報の取扱いの基本方針のみを定めるものと位置づけて、個人情報の利用目的については「個人情報の取扱いについて」や「個人情報の利用目的について」と題した別の文書として策定して公表するものや、利用目的をプライバシーポリシーの中に組み込んで公表するものなど、さまざまな形式が存在するが、どれが正しいというわけでもない。

なお、利用目的を定める際に、顧客のみならず、役員・従業者（退職者）の個人情報、採用応募者の個人情報、株主の個人情報等といった、個人情報の主体ごとに区別して、それぞれの利用目

的を定めるものが増えている。利用目的を公表させる意味は、どのような利用目的で個人情報を利用するのかを事業者に特定して示させることで、本人が自己の個人情報を当該事業者に提供するか否かを判断できるようにするためであることからすれば（**第 10 講**①参照）、それらの主体ごとに利用目的を明確化することはより望ましい対応であり、事業者において個人情報に対する本人への配慮を意識されるようになってきたことの現れであると思われる。

② プライバシーポリシーには何を記載すべきか

プライバシーポリシーに記載すべき事項については、法令上は特に指定はなく事業者の自由であるが、一般的には、以下のようなものが定められていることが多い。

1　管理体制・法令遵守
2　個人情報の取得
3　利用情報の利用
4　個人情報の安全管理措置／個人情報の適正管理
5　第三者提供（共同利用）
6　委託先管理／委託先の監督
7　要配慮個人情報の取扱い
8　事故時の措置
9　お問い合わせ、苦情および相談への対応／開示請求等
10　継続的改善

なお、利用目的の公表以外に、公表することに個人情報保護法上の法的な意味を有する手続としては、保有個人データに関する事項の公表等（法 27 条）、開示等の請求等に応じる手続（法 32 条）、オプトアウト手続（法 23 条 2 項）、共同利用（法 23 条 5 項 3 号）、匿名加工情報に含まれる個人に関する情報の項目の公表

（法36条3項）が挙げられる。

　これらの個人情報保護法上の法的な意味を有する手続以外の事項についても記載する意図としては、個人が当該事業者に対して自己の個人情報を提供するに際し、法令上公表が要請されている利用目的だけではなく、事業者において個人情報をどのような体制で管理をするのかを対外的に宣言して約束する方が、本人から安心して個人情報を提供してもらえるという点にあると思われる。

　そのような意味では、プライバシーポリシーも本人との関係においては、本人から個人情報の提供を受ける前提条件としての合意であるため、上記で公表した管理等を行わないと契約違反となる。そのような観点から、プライバシーポリシーを策定する際に注意すべきなのは、プライバシーポリシーにおいて、**意図せずに個人情報保護法に基づく個人情報取扱事業者の義務を超える管理義務を定めていないか**という点である。

　個人情報保護法上は、安全管理措置、従業者・委託先の監督や第三者提供の制限等については、いずれも「個人情報」ではなく「個人データ」のみを対象としており、開示等の請求等に応じる義務も、「保有個人データ」のみを対象として、意図的に義務の対象となる情報を区別している（**第3講2**参照）。

　しかしながら、プライバシーポリシーにおいて、個人情報と個人データや保有個人データを区別せずに、一律に「個人情報」の取扱いとして、安全管理措置や第三者提供に対する同意取得、開示等の請求等への対応等を定めているものが多く見受けられる。実際に事業者においてそのような管理ができていれば問題はないが、そのような管理体制にはなっていないにもかかわらず、意図せずにプライバシーポリシーに「個人情報」と記載して宣言している企業も多いように思われるため、注意が必要である。

③ （オンライン）サービスの利用規約との関係

プライバシーポリシーについては、事業者によっては多義的な意味で利用されていることも多いため、注意が必要である。

本来的な意味のプライバシーポリシーは、特定の組織における個人情報の取扱いに関する基本方針を定めたものであるため、組織全体における管理体制等を定めるものであるが、そのような理解ではなく、特定の提供サービスにおける利用規約に付帯して、当該特定の提供サービス内における個人情報の取扱いについて定めたものをプライバシーポリシーと題しているものも多い。この場合には、法的には利用規約（定型約款）の一部として構成すればよいと思われるが、プライバシーに対する配慮として、利用規約から切り出して本人に示す意図であると思われる。

なお、特定の組織全体における個人情報の利用目的を示す場合のプライバシーポリシーと、特定の提供サービス内における利用目的を示す場合のプライバシーポリシーは、ホームページ等のウェブサイトで公表する際には公表する場所が異なるため、注意が必要である。

前者の事業者における利用目的を公表するものは、ガイドライン（通則編）において、ホームページ等のトップページから1回程度の操作（ワンクリック、ワンタップ）で表示されるようにすることが望ましいとされているため（23頁）、企業のコーポレートサイトのトップページの下のヘッダ部分にプライバシーポリシーへのリンクを配置していることが多い。

他方で、後者の特定の提供サービスにおける利用目的については、そのサービスを提供する前提として、ウェブサイト上でユーザ登録や会員登録等によってフォームから個人情報を取得するこ

③
（オンライン）サービスの利用規約との関係

とが多い。その場合の特定の提供サービスにおける利用目的を定めたプライバシーポリシーについては、ユーザ登録の入力フォームのページの「登録」ボタンの直上辺りに、利用規約とプライバシーポリシーを埋め込み型のテーブル内に表示したり、リンクを配置したりしていることが多い。これは、ガイドライン（通則編）において、個人情報を本人から直接書面等（ウェブサイトでの入力フォームによる取得も含まれる。）により取得する場合には、入力フォームから1回程度の操作で表示されるようにすることが望ましいとされていることによるものである（38頁）。

　なお、現在の個人情報保護委員会によるガイドラインにおいては、上記のサイト上での表示場所の限定は「望ましい」措置とされているが、2015年度の個人情報保護法の改正によって個人情報保護委員会が創設される前まで事業者に広く適用されていた「個人情報の保護に関する法律についての経済産業分野を対象とするガイドライン」においては、上記の公表場所の限定が義務とされていたため、過去より上記のようなプライバシーポリシーの配置が行われていたものと思われる。

　このように、名称としては同じプライバシーポリシーでも、その法的な位置づけの違いによって公表すべき場所も変わる点には注意が必要である。

④　オンラインでのサービスで取り扱う個人情報とグローバル規制

　オンラインでの提供サービスについては、日本国内に所在する個人が利用するとは限らず、海外から個人が利用する場合もありうる。そのような場合には、日本国外に所在する個人の個人情報の取扱いについて、海外の法規制が問題となりうる。たとえば、

EU一般データ保護規則（GDPR）においては、有償であるか無償であるかを問わず、EU域内に所在するデータ主体に対する物品またはサービスを提供する場合やEU域内におけるデータ主体の行動をモニタリングする場合には、EU域外に所在する日本の事業者にもGDPRが域外適用されることになっている。

　実際に問題となった事例としては、2018年6月に日本国内の宿泊施設向けに海外向けホテル予約サイトを運営管理していたFastBooking（フランスのパリの事業者）が不正アクセスを受け、予約者の個人情報とクレジットカード情報を漏洩した事案がある。この際に、予約者の中にはEU域内の個人が含まれていたため、上記のシステム提供事業者に委託して、日本国内の宿泊施設がEU域内の個人向けにオンライン予約サービスを提供していたとみると、上記のGDPRの域外適用がなされるのではないかが問題となった。

　GDPRにおいては、EU域内に所在するデータ主体に対する物品またはサービスを提供する場合には域外適用されることになっているが、「GDPRの地理的適用範囲（第3条）に関するガイドライン3/2018－バージョン2.1」（GDPRの地理的適用範囲ガイドライン）においては、「EU域内の個人の個人データを取り扱っているという事実だけでは、EU域内に拠点のない管理者又は処理者の取扱活動に対しGDPRを適用するのに十分でない」としており（個人情報保護委員会による仮訳32頁）、「物品又はサービスの提供がEU域内の個人に向けられているか、言い換えるならば、取扱いの方法及び目的を決定する管理者側の行為がEU域内のデータ主体に対する物品又はサービスの提供の意図を示しているか」が重要な要素とされている（同35頁）。

　また、GDPR前文23項では「単に管理者、処理者又はその中

間介在者の EU 域内の Web サイト、電子メールアドレス又はその他の連絡先にアクセスできるということ、又は、管理者が拠点とする第三国において一般的に用いられている言語が使用されているということだけでは、そのような意図を確認するためには不十分であるが、一又は複数の加盟国内で一般的に用いられている言語及び通貨を用いて当該別の言語による物品及びサービスの注文ができること、又は、EU 域内にいる消費者又は利用者に関する言及があることといったような要素は、その管理者が EU 域内のデータ主体に対して物品又はサービスの提供を想定していることを明白にしうるものである。」(個人情報保護委員会による仮訳) とされている。

　上記の海外向けホテル予約サイトは、FastBooking が当該サイトを運営管理していたが、多くの国内宿泊施設は、自社の外国語サイトのような体裁で予約サイトを構築していた。また、予約サイトのプライバシーポリシーにおいても、予約情報の取得主体は各宿泊施設である旨の記載がなされているものが多かった。

　したがって、上記の海外向けホテル予約サイトは、上記のガイドラインの定めるところの「EU 域内のデータ主体に対する物品又はサービスの提供の意図」を示していたとみられりうるものであったと思われる。

　そのような観点から、一部の宿泊施設においては、GDPR に準拠して EU の所轄監督機関に対し、個人データの侵害の通知を行っていたところである。

　なお、GDPR においては、その侵害に気づいた時から遅くとも 72 時間以内に、所轄監督機関に対してその個人データ侵害を通知しなければならず、監督機関に対する通知が 72 時間以内に行われない場合、その通知は、その遅延の理由を付さなければな

らないとされているため（33条）、上記のような個人データの漏洩事案においては、早期に判断することが求められるところである。

　以上のように、オンラインでの提供サービスにおいては、日本の個人情報保護法だけではなく、海外における法規制についても域外適用されるリスクについても留意が必要であり、特に海外の言語を利用したオンラインでのサービスを展開する場合には、そのウェブサイトの言語や取り扱う通貨等によって、どの国の個人をターゲットとしているかが外形的に評価されうるため、提供サービスの企画・設計段階において、サイトの使用言語や取扱通貨等も検討することが求められる。

　その上で、GDPRの域外適用を受けるサービスとして提供する場合には、日本国内の事業者であってもGDPRに基づいてEU域内に居住する個人のパーソナルデータを取り扱う必要があり、EU域内に代理人を置いたり、GDPRの適用対象となるパーソナルデータに関するプライバシーポリシーを別途設けたりする等の対応が必要になる。

　さらに、海外向けの予約サイトの運営管理を海外の事業者に委託して、その予約サイトが自社のウェブサイトであるかのようにして構築すると、上記のように域外適用されるおそれが生じるため、宿泊施設から独立して予約者から独自に個人データを取得するようなプラットフォーマー（エクスペディアやブッキングドットコム等）を利用して海外からの予約を受け付けることも考えられる。これらの予約サイトは独自に個人データを取得し、日本国内の宿泊施設に第三者提供しているものと理解されるため、仮にそれらの予約サイトで個人データ侵害が生じたとしても、日本国内の宿泊施設によるものでないという整理も可能であると思われる。

これらのプラットフォーマーに支払う手数料と独自にGDPRに対応するための体制構築のための費用のいずれを選択するかという観点から、EU向けのオンラインサービス提供については検討する必要があるが、多くの国内事業者は、いまだにそのような問題から目を反らしてGDPRによる多額の制裁金のリスクを負った状態のまま放置していることが多いように思われる。

⑤　Cookieの利用目的に関するポップアップ表示

GDPRにおいては、Cookieも個人データに該当するところ（GDPR前文30項、4条(1)のオンライン識別子）、「個人データがダイレクトマーケティングの目的のために取扱われる場合、データ主体は、いつでも、そのようなマーケティングのための自己に関係する個人データの取扱いに対して、異議を述べる権利を有する。その取扱いは、そのようなダイレクトマーケティングと関係する範囲内で、プロファイリングを含む。」とされており（21条2項、個人情報保護委員会による仮訳）、「遅くともデータ主体への最初の連絡の時点で、第1項及び第2項に規定する権利は、明示的にデータ主体の注意を引くようにされ、かつ、他の情報とは明確に分けて表示されなければならない。」（同条4項）とされている。

したがって、Cookieを用いて、ダイレクトマーケティング（行動ターゲティング広告等）を行う場合には（**第4講①参照**）、プライバシーポリシー等において取扱いを定めるだけでは足りず、積極的に利用者の注意を引くようにしなければならない。

そのような観点から、日本の企業が運営するウェブサイトにおいてもCookie情報の取扱いについて、同意ボタンを表示する画面をポップアップさせたりする例が増えてきている。

もっとも、GDPRの地理的適用範囲ガイドラインにおいては、

前記のとおり物品またはサービスの提供がEU域内の個人に向けられているかが重要な要素とされており、海外の言語で表示されるウェブサイトであればGDPRが適用されるというわけではない。そもそも日本国内に所在する個人のみを想定し、EU域内のデータ主体に対する物品またはサービスの提供やモニタリングを想定していないような日本語のみのウェブサイトにおいても、上記のようなポップアップを表示することは過剰な反応であると思われる。

　また、いわゆるサードパーティCookie（第9講②参照）を利用しておらず、Cookieで紐付いたアクセス履歴の分析を行わないようなウェブサイト（ECサイト等と関係しない企業のいわゆるコーポレートサイトはそのような利用を行っていない例が多いと思われる。）においてもポップアップを表示しているものも見受けられるが、過剰な反応であると思われる。

　他方で、日本においても、行動履歴の分析を含んだ利用目的の特定の在り方については、実務上、利用者である本人に対して実質的な判断に必要な情報を公開することが重要であるため、EU域内の個人を利用者として想定していないウェブサイトであっても、行動ターゲティング広告等の利用目的で利用する場合には、プライバシーポリシーにおいて、一般社団法人日本インタラクティブ広告協会（JIAA）の定める「行動ターゲティング広告ガイドライン」等を参照して、適切な情報開示とオプトアウトの手続の設置を行うことが望ましいところである（第10講⑧参照）。

　また、最近では、プライバシーポリシーと区別して、Cookieの利用目的等については「**クッキーポリシー**」として公表する事業者も増えている。これを区別する意味は、上記のGDPRの規制のように、ダイレクトマーケティング（行動ターゲティング

広告等）においてCookieを利用する場合に利用者に注意喚起を行うことにあることから、特にダイレクトマーケティングの目的でCookieを利用しない企業のコーポレートサイト等においては、クッキーポリシーとして殊更に区別して公表する意味は乏しいと思われる。

6 プライバシーポリシーと個人情報取扱規程の関係

本来的な意味のプライバシーポリシーは、特定の組織における個人情報の取扱いに関する基本方針を定めたものであるため、組織における個人情報の取扱いルールを定めた個人情報取扱規程や個人情報保護規程等の社内規程は、上記の基本方針に基づいて策定されるのがあるべき姿である。

しかしながら、プライバシーポリシーもその下位の社内規程もどこかで入手したひな形の切り貼りで形式的に策定し、ポリシーと社内規程の間に整合性がないものや矛盾したものを定めている事業者も実務においては散見されるところである。

プライバシーポリシーは、社外に対して公表することで、個人情報の取扱いについて、個人情報を取得した本人に対して取扱いの法的義務を負うものであり、これに従った社内規程等の策定および運用管理を含めた個人データの管理体制を構築していないと、それ自体が本人との関係において義務違反を構成するものである。それゆえに、プライバシーポリシーと社内規程の整合性を図ることは重要であるが、そのような意識がない事業者も多いことは否定できないところである。

また、プライバシーポリシーは、企業の経営陣が基本方針として策定することが前提であるが、実際の企業の経営陣が、個人情報自体の重要性を具体的に理解できていない場合も多く、そもそ

も基本方針を定めることの必要性を感じていない場合も多いように思われる。そのような事業者においては、管理部門において先に個人情報の取扱いルールを社内規程としてまとめた上で、逆にそれを対外的に表明する形式にして抽象化したものをプライバシーポリシーとして定める方が現実的である場合も多い。それによって、少なくともプライバシーポリシーと社内規程の整合性は図られることにはなるため、本来的なアプローチとは真逆ではあるものの、より現実的な対応ではあると思われる。

　プライバシーポリシーと社内規程ないしそれに基づく運用管理との不整合は、個人データの漏洩事故が生じた際に露見することが多く、それによって企業としての社会的信用は失われ、結果として、個人データを利用したサービスを廃止せざるを得ない状況に追い込まれたり、長期間にわたって業績不振を招くに至った企業も存在するところである。

　他方で、個人データのビジネス利用は、今後さらに拡大することが想定されており、スマートフォンのアプリやIoT機器の普及に伴って、これまで個人情報を取り扱うことのなかった企業もビジネスにおいて個人情報を取り扱わざるを得なくなってきている。

　それゆえに、企業の経営陣においては、自社の事業において取り扱う個人情報を洗い出し、それらの取扱いにおけるリスクを評価し、その対策を講じる意識を持つことが重要であり、**プライバシーポリシーが経営陣によって、本来的な意味での組織における個人情報の取扱いに関する基本方針として策定されるようになることが求められている。**

第12講
収集前にデータの用途を検討しておく

① 個人データに対する規制とその回避の視点

　ビジネス利用の対象となる個人に関するデータは、従来からのダイレクトメール等の送付先としての顧客名簿から、顧客分析・見込客分析のための行動履歴情報や人事労務分野における従業者の評価のための行動履歴情報等に移行しつつある（**第４講①参照**）。個人の行動履歴情報に対しては、特定の個人に直接アプローチするために利用するか、ビッグデータとして AI の学習用やマーケットの分析の際に利用するかなど、その用途はさまざまであるが、それを収集・分析して得られる結果を広く事業に利用したいというニーズはどの企業にもあるところである。

　他方で、個人情報に対しては、利用目的の特定と通知等の義務、目的外利用の制限がかかるため、事前に想定して公表していた利用目的の範囲内でしか利用できず、事後的に有効なビジネス利用ができることに気づいても、多数の個人から個人情報を取得している場合には目的外利用に対する同意を事後的に得ることは困難である。また、個人情報を分析する場合には、個人情報データベース等として集約して利用されることになるが、個人データになった場合には、第三者提供の制限等の制限もかかることになる。

　このように、個人情報としてデータを取得すると、ビジネス利用に制約が生じるため、広くデータを利活用する観点からは、特

定の個人に直接アプローチするために利用することを意図しないのであれば、個人情報ではない形式でデータを収集すべきである。

　また、事業者は、個人データに対しては法的に安全管理措置等を講じる義務を負うところ（**第13講**①参照）、内部者による顧客名簿データの持出しや個人の認証情報やクレジットカード情報の盗取目的での不正アクセス等は日々発生しており、個人データは社内外から狙われていることから、個人データとして収集して管理することは管理コストが増加することにつながり、また個人データの漏洩リスクも負うことになる。

　一般に企業が情報を収集する際には、単純にもらえるものはもらっておくという考え方に基づいて、事業やサービスにおいて必要であるか否かを問わず、集められる情報は広く収集する傾向にあったと思われるが、仮に個人情報の収集時には対価が発生しなかったとしても、収集後に個人データとなると管理コスト（漏洩リスクへの対応コストも含む）が生じるため、実質的には個人情報はタダではない。

　また、適切な管理コストをかけずに安易に収集すると、内部者による安易な個人データの持出しが行われて、結果として個人データの漏洩リスクを高めることになる。さらに、その漏洩リスクが顕在化してしまったときは、さらに多額な漏洩対応のコストを負担することになる（**第17講**⑤参照）。

②　データ収集時に氏名等の識別情報を取得しないスキーム

　個人との対応関係のある形式でデータを管理するものの、個人情報ではない形式で情報を収集する手段として、個人の氏名等の識別情報を取得せずに、独自に設定したID等を用いて管理する

という方法がある。

個人情報は、氏名、生年月日その他の記述等により特定の個人を識別することができる情報を含んでいることが必要である。この「特定の個人を識別することができる情報」は、氏名や容貌といった社会一般に他者との識別に用いる情報と個人識別符号（生体認証情報や公的番号）を意味しており（**第7講**4参照）、データ収集時にこれらを含まなければ個人情報にはならない。

たとえば、企業向けサービスとして、従業者にウェアラブル端末を装着させて、そのバイタルデータを分析した結果を用いて従業者の健康管理ができる健康経営サービスを提供する場合を例とする。

まず、サービス提供事業者は、利用企業の従業者のウェアラブル端末から送られてくる心拍や歩数等のバイタルデータを収集して分析することになるため、利用企業の担当者に端末のIDに紐付けて従業者の氏名を事前に登録してもらう必要があるが、その従業者の氏名等の情報を取得することにすると、端末から送られてくるバイタルデータも含めてすべて個人情報となってしまう。

しかしながら、サービス提供事業者にとっては、直接的に利用企業の従業者個人にアプローチするわけではなく、サービスにおいて利用企業の人事担当者等に分析結果を報告するだけであるため、特に従業者の氏名等の識別情報は不要であり、むしろサービス提供事業者は、その収集した個人のバイタルデータをビッグデータとして分析してアルゴリズム開発等に利用したいところである。

そこで、上記のようなサービスにおいて、サービス提供事業者は、利用企業の従業者の氏名はあえて取得せず、ウェアラブル端末のIDのみを登録してもらい、サービス提供事業者では当該

IDのみでバイタルデータの管理とその分析を行い、利用企業には IDで分析結果を報告することにし、利用企業側でウェアラブル端末の IDと従業者の氏名を照合できるデータベースを作成してもらい、特定の従業者の分析結果として利用できるようにする。

これによって、サービス事業者は従業者の氏名等を取得せずにサービス提供ができ、バイタルデータは端末IDと紐付いて管理されるため、個人情報にはならない形で収集できることになる。また、企業から分析のために、ウェアラブル端末のIDごとに利用者の身長や体重、年齢、性別等の氏名・容貌以外の属性情報も得ておけば、それらの属性情報もバイタルデータと紐付けて個人情報ではない形で収集が可能になる。

このようにして、収集する情報を制限することで、個人情報に対する規制を回避して上記のアルゴリズム開発も含めて自由に利用可能なデータとして収集することが可能になる。

なお、上記のスキームは、サービス事業者が企業からの委託を受けてウェアラブル端末からのバイタルデータ等を取得・分析している前提であるため、サービス提供の目的外でのデータ利用に関しては、当該企業の了解を得ておくことが望ましいところであるが（データの目的外利用の制限が法的に生じるわけではないが、実務的にはそのような意識を持っている企業が多いため）、一般にはサービスの利用規約等に組み込んでおくことが多いため、大きな障害にはならないと思われる。

一般に、個人との対応関係のある形式のデータの分析を行うサービスについては、サービス提供時に個人情報として取得しなければならないという固定観念に縛られている事業者が多いように思われるが、個人情報の概念を正しく理解すれば、いかに無駄な管理コストをかけて、データの利活用を自ら阻害しているかが

2 データ収集時に氏名等の識別情報を取得しないスキーム

41

理解できると思われる。

③　入口と出口のダブル・スタンダード

　個人情報の取得後に非個人情報に加工する場合については、統計情報のように「個人に関する情報」ではない形式（個人をキーとして管理しない形式）に加工する方法と、「個人に関する情報」ではあるが、「特定の個人を識別することができる情報」（氏名・容貌や個人識別符号）を含まない形式に加工する方法があるところ、2015年度の個人情報保護法の改正によって、上記のうち後者の形式への加工が「匿名加工」として法制化されている（**第8講③**参照）。

　ただ、「匿名加工情報」にするための加工基準としては、単に「特定の個人を識別することができる情報」（氏名・容貌や個人識別符号）を消去するだけでは足りず、匿名加工情報を作成する元になった個人情報を復元することができないようにすることが求められており、具体的には、特異な記述等の削除（症例数の極めて少ない病歴を削除する。年齢が「116歳」という情報を「90歳以上」に置き換える。）などといった収集時やデータベースへの集約時には求められていないような追加的な加工が求められる。なお、匿名加工情報において上記のような加工が求めているのは、匿名加工情報を作成するに当たって作成する元になった個人情報を削除することまでは求められていないところ（元の個人データと容易に照合可能な状態にはならないように管理しなければならないが）、元の個人データから出力されたデータに対して単純に個人の氏名等の識別情報を消去するだけの加工をしたとしても、他の特異な情報（年齢が116歳）等をもって元の個人データと照合することで、加工後のデータの再識別化は可能であるからである。これに

対し、データ取得の段階で氏名等の識別情報を取得しない場合には、当然のことながら、照合するための元となる個人データ自体を保有しないため、上記のような問題は生じないのである。

匿名加工情報から元になった個人データを復元することができないようにするためには、元のデータベースのすべての情報項目を確認した上で特異値を確認する等によって再識別化が可能であるかを検証することになるため、取得時の場合のデータベース内に氏名等の識別情報をキーとして含まなければよいという水準と比べると、負担するコストにおいて大幅な差異があることは容易に理解できるところである。

このように、「個人情報」への該当性については、入口（収集・データ集約時）と出口（匿名加工時）で基準が異なることに留意し、事後的な加工コストの負担を回避するためには、データを収集する段階から非個人情報として取得しておくことが重要である。

個人に関するデータのビジネス利用を考えるのであれば、**取得後に特定の個人を識別できない形式に加工すればよいという考えの下で、収集するデータの用途を事前に検討せずに、とりあえず個人の氏名等も収集するという旧来の考え方から脱却**することが重要である。

④ 個人データの保有によるリスク認識

個人データのビジネス利用における最大の問題は、個人情報を保有することによる管理コストや加工コスト、さらには漏洩リスクについて、正しい認識の下で適切なリスク評価を行えていない企業が多いことである。

企業にとって、個人データに対して必要かつ適切な安全管理措

置を講じていない場合でも何ら事業継続に支障が生じるわけではなく、漏洩のリスクに対しても、仮に個人情報を漏洩しても倒産することはないとして、リスクでもないと評価する経営者もいまだにいるところである。

　ただ、多くの企業が、事業継続に必須となる情報システム内において大量の個人データを管理しているところ、不正アクセス等による個人情報の漏洩によって、当該情報システムを停止せざるを得なかったり、適時に停止しなかったことで社会的に非難され、サービスの停止・廃止や業績の低迷等につながることは、過去の多数の漏洩事故の事案からも明らかである。

　また、漏洩事故が重大な問題となるのは大手企業での話だと理解している中小企業の経営者もいるが、大手の取引先から管理を委託されている顧客情報等の漏洩事故を起こした場合には、個人データの取扱いに関して委託先の監督義務を負っている大手の取引先は再発防止策を講じることが求められるため、代替性のある業務であれば、再発防止の手段として委託先を変更するということもよくあることである。受託している中小企業側からすれば、委託元の個人データの管理を怠ることで、大口の取引を失うリスクを抱えていることになる。

　さらに、中小企業においても取引先から委託された個人データを大量に漏洩した場合には、取引先からの要請等によって、原因調査（フォレンジック調査等）と調査結果の公表、再発防止策（従業者研修・情報システム改修等）の検討と実践、被害者への連絡と謝罪、お詫びの QUO カード等の配布、個人情報保護委員会への報告と対応、被害者や顧客・報道機関からの問い合わせ対応の事故対応が必要となることもあり、多大な対応コストが発生することになる。また、取引先が被害者からの損害賠償請求訴訟や役員

への株主代表訴訟を提起された場合には、それによる損失の求償や補填を求められることもある。

　以上のように、個人データを保有することは、収集の段階で対価の支払がなかったとしても、決してタダなのではない。リスクを増大させるだけのことであり、合理的な経営判断であるとは言いがたい。

　加えて、2020年度の改正個人情報保護法によって、個人データの漏洩時には、個人情報保護委員会への報告と本人への通知が努力義務から法的義務に変更されたため、個人データの漏洩事故が発生した場合にこれまでのように隠しておくということは許されなくなるため、上記のリスクが顕在化する可能性はより高まる。

　このような漏洩リスクを認識して、将来何かの役に立つかもしれないといった漠然とした理由で個人データを、何ら収益も生まないのに保有し続けている事業者は、個人データの棚卸しを行い、無駄な個人データの断捨離を考えるべきと思われる。

⑤　プライバシー・バイ・デザイン

　前記のような個人データを無駄に取得・保有しないという考え方は、プライバシー・バイ・デザインの考え方にも沿うものである。

　プライバシー・バイ・デザイン（Privacy by Design：PbD）とは、「技術」、「ビジネス・プラクティス」、「物理設計」のデザイン（設計）仕様段階からあらかじめプライバシー保護の取り組みを検討し、実践するという考え方であり、1990年代にカナダのアン＝カブキアン博士が提唱したコンセプトである。EU一般データ保護規則（GDPR）において、「データ保護バイデザイン及びデータ保護バイデフォルト」という名称で義務化されている

（25条）。

　具体的には、個人データの取扱いの方法を決定する時点と取扱いそれ自体の時点の両時点において、データの最小化のようなデータ保護の基本原則を効果的な態様で実装し、その取扱いの中に必要な保護措置を統合するために設計された、仮名化のような、適切な技術的措置および組織的措置を実装することを求めており、また、その取扱いの個々の特定の目的のために必要な個人データのみが取り扱われることをデフォルトで確保するための適切な技術的措置および組織的措置を実装することを求めている。

　簡単にいえば、ビジネスやサービスの企画や設計の時点から、個人データを不必要に収集・保有せず、個人の氏名等の識別情報が不必要に他者から見られないような仕組みを構築することを求めているのである。

　プライバシー・バイ・デザインとして、具体的に何を実践すればよいのか分からないという事業者もいるが、事業やサービスにおける用途も想定できていないのに、**とりあえず収集できる個人情報は収集しておき、事後的にどう使うかを検討するという考え方を止めること**から始めるべきである。

　このような考え方は、個人データのビジネス利用の前提としても非常に重要である。データで収益を上げるビジネスでは、サービスの利用者の利用履歴データの収集が目的であり、サービスはそのための手段として提供されているため（Googleの地図・検索サービス等）、サービス提供によってデータを収集する前に、収集したデータをどのようにビジネス利用するかは明確である。これに対し、従来型のビジネスにおいては、サービス自体が目的であってデータはそのための手段であると理解されているため、データの収集前に収集したデータの用途が検討されないのである。

このようにデータを収集する段階でどのように利用するかを検討せずに収集・保管されたデータは、結果として特定の目的で分析やAIによる機械学習に適したデータ形式で収集・管理されていないため、データは存在しても、そのまま学習用データセットしては使えないことが多い。たとえば、業務のフローに応じてあるいは所管する部門が異なるため、複数の異なる情報システムで取引履歴のデータを保有している場合に、同じ意味合いのデータでも情報システムによって使っている用語や評価値が異なるため、それらの用語等の統一化・標準化を図らないと、全体のデータを集約して分析できないといったことはよくあることである（たとえば、同じ評価項目でも評価値がABCD、良い・普通・悪い、上中下、12345等と不統一な場合など）。

　データを集約して分析する前提で設計するのであれば、情報システムごとでのユーザが分かりやすい用語という基準ではなく、当初から情報項目の用語や評価値等を統一して情報システムを構築することを考えるべきである。

　また、長年にわたり特定の提供サービスにおいて収集したデータが大量に蓄積しているという事業者が、そのデータをビジネス利用しようとしても、当該提供サービスの利用規約等において、サービス提供において取得した情報に対して秘密保持義務や目的外利用の禁止を定めてしまっていることが多く、結果として保有するデータを独自にビジネス利用することは契約上許されないといったことも多い。これも当初の段階からビジネスにおいてデータを利活用する前提でデータを収集することを考えていなかったことに起因するものである。

　このように、現在すでに保有しているデータを基礎としてどのように利用できるのかを考えてもうまく行かないことが多く、む

しろ過去のレガシーにとらわれず、事前にデータの用途を検討してから、それに必要なデータを収集するサービスを構築して新たに蓄積していくのが合理的であり、これは個人情報の収集においても同様である。

　そのような観点から、プライバシー・バイ・デザインの概念は、個人データのビジネス利用に資する考え方であり、情報システムの設計の段階だけではなく、個人データを含めたデータのビジネス利用の検討段階において、広く実践することが有益であると思われる。

個人データの安全管理の実践

□ 個人データに対して安全管理を求める理由

個人データの取扱いに関しては、その取り扱う個人データの漏洩、滅失または毀損の防止その他の個人データの安全管理のために必要かつ適切な措置を講じなければならないとされている（法20条）。

安全管理措置を講じる義務を負うのは、個人情報ではなく、個人データである。個人データは、個人情報データベース等を構成する個人情報であり、要するに個人情報を集約してデータベース化したものである。

安全管理措置を講じる義務の対象が個人データに限定されたのは、個人情報保護法制が整備された2003年ころには個人情報の大量漏洩事件等が増加していたため、基本的には事業者の保有する個人の名簿データベースを保護する目的で個人情報保護法が制定されたことに起因している（**第3講**②参照）。

個人情報をデータベース化することで、名簿として転売目的で狙われやすくなったり、データベース内で取り扱われる個人情報の規模も比較的大きくなるため漏洩した際の本人への影響度も大きくなるという意味で、漏洩リスクが高まることに着目しているのである。

個人情報保護法においても、このような事業者の個人情報の

データベース化による漏洩リスクの増大に伴い、安全管理措置に限らず、以下の図のように、データの保管・管理・提供等に関する義務を課している。このような規制の枠組み自体は、個人に関するデータの利用形態が大きく変わってきている現在においても変わりはない。

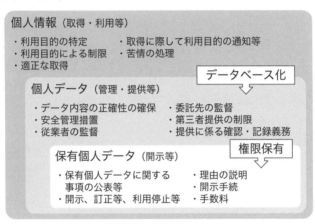

② 安全管理措置の位置づけ

ガイドライン（通則編）においては、個人情報取扱事業者が具体的に講じなければならない措置として、以下の措置が挙げられており、当該措置を実践するための手法の例も紹介されている。

1．基本方針の策定
　事業者の名称、関係法令・ガイドライン等の遵守、安全管理措置に関する事項、質問及び苦情処理の窓口等を規定
2．個人データの取扱いに係る規律の整備
3．組織的安全管理措置
　① 組織体制の整備

②　個人データの取扱いに係る規律に従った運用
　③　個人データの取扱状況を確認する手段の整備
　④　漏えい等の事案に対応する体制の整備
　⑤　取扱状況の把握及び安全管理措置の見直し
4．人的安全管理措置
　①　従業者の教育（定期研修・守秘義務）
5．物理的安全管理措置
　①　個人データを取り扱う区域の管理
　②　機器及び電子媒体等の盗難等の防止
　③　電子媒体等を持ち運ぶ場合の漏えい等の防止
　④　個人データの削除及び機器、電子媒体等の廃棄
6．技術的安全管理措置
　①　アクセス制限
　②　アクセス者の識別と認証
　③　外部からの不正アクセス等の防止
　④　情報システムの使用に伴う漏えい等の防止

　上記の各措置については、その一部を実践すれば良いわけではなく、そのすべてを実践することで個人データの漏洩の防止として機能するものである（なお、デジタルな形式で個人データをまったく取り扱わない事業者は技術的安全管理措置を講じることは不要である）。上記のとおり、安全管理措置は、組織的・人的・物理的・技術的の4つのカテゴリに分けられている。

　組織的安全管理措置とは、個人データの安全管理についてのルールを明確にして、そのルールが遵守できているかを確認する仕組みを作るということである。また、**人的安全管理措置**とは、上記で定めた個人データの安全管理についてのルールと適正な取扱いを、個人データを取り扱う従業者に対して周知・教育し、その実践を訓練することである。

組織において個人データを取り扱うのは、その組織を構成する従業者であり、その従業者が個人データをどのように扱えば良いのかのルールを決めなければ組織として安全に管理できないわけであり、またルールだけ定めてもそれを遵守すべき従業者がそのルールの内容と意義を理解していなければ守られないということである。

　次に、**物理的安全管理措置**とは、個人データの盗難や紛失等を防ぐために物理的な取扱いの制限を行うことである。**技術的安全管理措置**とは、大量の個人データは情報システム等で管理されることが多いところ、不正アクセス等を防ぐために情報システム等を用いたデジタルな形式での個人データの取扱いに対して情報通信技術を利用した制限を行うことである。

　組織として個人データの安全管理についてのルールを定めても、そのルールを遵守しない従業者がいたり、不正取得や不正アクセス等を行う攻撃者に対しては意味がない。個人データを記録・保存する媒体自体に対して、持ち出しやアクセスができないように制限をかけておくことも必要ということである。

　このように、安全管理措置は、個人データを取り扱う一連の業務全体にわたって講じられ、それが一体として機能するものであるため、法務部門が個人情報取扱規程を作っておけば良いとか、あるいは情報セキュリティ部門が社内システムの監視ツールを導入しておけば良いというものではなく、**業務効率と個人データの要保護性のレベルとのバランスを考えながら、取扱ルールと情報セキュリティの両面から、どのような措置を講じるべきかを検討**すべきものである。

③ 最低限度の安全管理措置とは？

　ガイドライン（通則編）においては、中小規模事業者向けに、取り扱う個人データの数量および個人データを取り扱う従業者数が一定程度にとどまること等を踏まえた手法の例が紹介されているが、最低限度として上記の各措置のうちどれをやらなければならないのかと考える中小規模事業者は多い。

　しかしながら、中小規模事業者においても上記の各措置の一部だけを行えばよいのではなく、上記のような各措置を原則としてすべて講じること自体は必要であり、各措置に対してかけるコストを相対的に抑えた管理手法が紹介されているだけのことである。

　上記の各措置をすべて行っておけば個人データの漏洩を完全に防げるというものでもない。情報セキュリティに絶対はあり得ないのである。事業者に求められているのは、情報漏洩が発生した場合に事後的にみて安全管理措置が不十分であったと見られないようにすることである。

　たとえば、顧客のクレジットカード情報を管理するシステムに対して、重大な脆弱性が発見されているのに放置していた結果、クレジットカード情報が漏洩した場合に、適時にアップデートが行われるような仕組みがなかったことが安全管理措置を講じていなかったと非難されることは当然であるが、年間に数十万個の荷物を宅配する事業者が、年間で数十件程度の誤配をして宛先情報を誤配先で見られても、宅配業者の安全管理措置が不十分とはいわないであろう。

　ガイドライン（通則編）においても、「個人データが漏えい等をした場合に本人が被る権利利益の侵害の大きさを考慮し、事業の規模及び性質、個人データの取扱状況（取り扱う個人データ

の性質及び量を含む。)、個人データを記録した媒体の性質等に起因するリスクに応じて、必要かつ適切な内容としなければならない。」とされている（41頁）。

このように、安全管理措置を講じているといえるためには、個人情報保護法上、最低限何をしなければならないのかというアプローチで考えること自体が間違いであり、業務効率とのバランスを考えながらも、**社会一般の常識に照らして、それぐらいはやっておかないと問題だと思われる程度の措置を講じることが重要**である。

事業者の悩みは、その社会一般の常識が分からないということであろうが、それは個人データの内容や管理状況に応じた漏洩リスクによって異なるため、一律に決まるものではないことをまずは認識し、地道に自身のリスク感覚を養うほかないと覚悟を決めることが必要である。

④ どのようなアプローチで管理手法を選択するか

まずは、どのような個人データの漏洩リスクに対してどのような管理手法があるのかを知ることが、適正な取扱いを理解する前提として重要である。ガイドライン（通則編）においても、講じなければならない措置ごとの具体的な管理手法の例示がなされているので、参考にされたい。

そして、組織内における個人情報のデータベースを洗い出すことが必要である。個人データは、個人情報データベース等を構成する個人情報であるが、個人情報データベース等から出力されたものは、1件のデータでも、個人情報に戻るわけではなく個人データのままである（**第3講**③参照）。そのような観点からは、個人情報データベース等から出力された個人データも特定して管理

第13講　個人データの安全管理の実践

すべきであるが、漏洩リスクの高さからすれば、個人情報データベース等自体を特定することの方が優先度としては高いといえる。たとえば、個人情報を取り扱う情報システムや顧客リストのExcel ファイル等の場合もある。

その際に、個人情報のデータベースごとに管理する部署・責任者、データベースごとの利用目的、取り扱う個人データの情報項目（氏名、住所、電話番号、クレジットカード情報、銀行口座情報、マイナンバー、収入・信用情報、病歴・治療歴等の要配慮個人情報等）、取り扱っている個人データの件数、保管場所、保管期間等についても特定しておくことが重要である。これらを特定した上で、個人情報データベース等の管理台帳を作成することが望ましい。

次に、それらの個人情報のデータベースを利用した業務における個人データの取扱状況を確認することになる。具体的には、個人データの取得、利用、保存、提供（移送）、削除・廃棄等の各段階で、誰がどのような手段・媒体で取り扱っているのかを特定していくことになる。

そして、それらの個人データの性質や件数、取扱状況を踏まえて、取扱いに係る個人データに対する漏洩（媒体の紛失、誤送信、誤廃棄、システム障害、盗難、不正アクセス、マルウェア感染、不正取得）、滅失・毀損（誤入力、改ざん、誤消去、天災）や目的外利用・無断提供等のリスクを評価して、そのリスクに応じた管理手法を選択することになる。

ただ、あらゆるリスクに対処しようとすると、業務効率性を阻害し、個人データを取り扱うこと自体ができなくなることにもなりかねないため、実務的には漏洩等の事故が発生した場合に必要となる対応費用等を想定して、それらの損失の程度とそれを防ぐ

4 どのようなアプローチで管理手法を選択するか

155

ための管理手法のコストとのバランスの観点から、管理手法を選択することになる。場合によっては対応費用の負担を回避する手段として、サイバー保険、個人情報漏洩保険等への加入を検討することも必要である（**第17講⑦**参照）。

⑤ 物理的・技術的安全管理措置の管理手法

　ガイドライン（通則編）においては、物理的・技術的安全管理措置の管理手法の例示がなされているが、具体的にそれを取扱いルールとして定める場合には、以下の条項例のように、社内のどの部門・どの役職者がそれを実行するのかを明確に定めることが望ましいが、その点が策定段階における大きな課題となることが多い（**第14講⑥**参照）。

　以下に実務的によく実践されている管理手法を導入する場合の条項例を紹介する。

個人データ管理台帳（前記の技術的安全管理措置の①に対応）
個人情報保護管理者は、個人データの取扱状況を把握するために、個人データ管理台帳を整備するものとする。
各部門は、個人データ管理台帳に、各部門の保有する個人情報データベース等の種類・名称、個人データの項目、管理者・取扱部署、利用目的、アクセス権を有する者、保存期間、消去・廃棄日等を記載しなければならない。
各部門は、個人データ管理台帳を定期に見直し、最新の状態を維持するよう努めなければならない。
部門長は、自ら所管する部門における個人データの種類・内容・保管場所等を変更する場合には、個人情報保護管理者に報告し、承認を得なければならない。

個人データの取扱状況の検証（前記の技術的安全管理措置③に対応）

部門長は、自らの所管する部門において、個人情報データベース等の利用・出力状況のシステムログ、個人データが記録または記載された書類・媒体等の持ち運び等の授受記録簿、個人データ管理台帳の消去・廃棄日の記録と個人情報データベース等の削除・廃棄の状況（委託した場合の消去・廃棄を証明する記録を含む。）を確認し、定期的に個人データの取扱状況を検証するものとする。

部門長は、自らの所管する部門において、個人データを情報システムで取り扱う場合には、従業者による情報システムの利用状況（ログイン実績、アクセスログ等）を確認し、定期的に使用状況およびアクセス状況を検証するものとする。

区域の管理（前記の物理的安全管理措置の①に対応）

個人情報保護管理者は、個人データを取り扱う情報システム等を、入退室が制限された場所に設置するものとする。

個人情報保護管理者は、個人データを取り扱う情報システム等が設置された場所への入退室を記録・保管し、定期的に点検するものとする。

従業者は、個人データを取り扱う情報システム等が設置された場所へ記憶装置、機器および媒体（磁気媒体を含む）を持ち込んではならない。

担当者は、個人データを取り扱う権限を有しない従業者および第三者が立ち入れない執務状況において個人データを取り扱わなければならない。

機器・電子媒体等の盗難等の防止（前記の物理的安全管理措置の②に対応）

担当者は、個人データを含む装置、機器および媒体（磁気媒体を含む。以下「機器等」とする。）を適切に管理し、正式な利用権限のない者（第三者のみならず従業者を含む）には使用させてはならない。

担当者は、自らが保管する個人データを含む機器等に対し、施錠できる場所への保管、個人データの暗号化等により、盗難、紛失その他漏えいの防止のために必要な措置を講じるものとする。

移送時の漏洩等の防止（前記の物理的安全管理措置の③および技術的安全管理措置の④に対応）

担当者は、次に掲げる行為を行うに際し、個人データの暗号化等により、個人データの移送時における盗難・紛失その他漏洩の防止のために必要となる措置を講じるものとする。
① 個人データの送信
② 個人データ（情報システムに係るものに限る）の外部電磁的記録媒体等への記録
③ 個人データが記録されている媒体の外部への送付または持ち出し
④ その他個人データの適切な管理に支障を及ぼすおそれのある行為

機器・電子媒体等の廃棄（前記の物理的安全管理措置の④に対応）

担当者は、個人データの消去または個人データが記録された機器・電子媒体等の廃棄を行う場合は、以下の方法で消去または廃棄するとともに、廃棄した記録を保存するものとする。
① サーバまたは PC 等の機器については復元できない方法でのハードディスクのデータ消去または物理的な破壊による。
② CD または USB 等の電子媒体については物理的な破壊による。
③ 紙媒体についてはシュレッダー裁断、焼却、溶解等による。

アクセス制御（前記の技術的安全管理措置の②に対応）

個人情報保護管理者は、個人データを取り扱う情報システムについて、パスワード等を使用して権限を識別する機能を設定するなど、アクセス制御のために必要な措置を講じるものとする。

部門長は、自ら所管する部門において、業務上の必要性のある従業者に対してのみ、個人データを取り扱う情報システム等へのアクセス権限を付与するとともに、定期的に付与したアクセス権限を確認・更新するものとする。

従業者は、アクセス権限を有しない個人データにアクセスしてはならず、かつアクセス権限を有する個人データであっても業務上の目的以外の目的で個人データにアクセスしてはならない。

パスワードの管理（前記の技術的安全管理措置の②に対応）

個人情報保護管理者は、担当者の権限を識別するためにユーザ ID とパスワードを使用する場合には、それらを担当者本人しか知り得ない状態に保つために必要な措置を講じるものとする。

担当者は、パスワードを他人に知られないよう厳重に管理し、他人に利用させてはならない。

担当者は、別途定められた基準に従い、パスワードを定期的に更新するものとし、第三者から推測されやすいパスワード（生年月日、電話番号、名前）を使用してはならず、かつ類似のパスワードを繰り返し使用してはならない。

外部からの不正アクセス等の防止（前記の技術的安全管理措置の③に対応）

個人情報保護管理者は、個人データを取り扱う情報システムへの外部からの不正アクセスを防止するため、ファイアウォールの設定等の必要な措置を講じるものとする。

個人情報保護管理者は、個人データを取り扱う情報システム等について不正プログラムによる個人データの漏洩、滅失または毀損の防止のため、セキュリティ対策ソフトウェア等（アンチウィルスソフト等）を導入し、ソフトウェアに関する公開された脆弱性の解消、把握された不正プログラムの感染防止等に必要な措置（導入したソフトウェアを常に最新の状態に保つことを含む）を講じるものとする。

⑥ 管理手法の継続的な見直しのための工夫

　個人情報取扱規程においては、物理的・技術的安全管理措置に関して、前記のような組織内部における役割分担について定めることが多いが、より本質的な問題は、個人データの漏洩を防止するための情報セキュリティを確保するための管理手法であり、情報通信技術の進歩に応じて継続的に見直し、更新し続けることが重要である。たとえば、「パスワードは、任意の英数文字混合8字以上で設定し、第三者から推測されやすいパスワード（社員番号、生年月日、郵便番号、電話番号、名前等）を使用してはならない。」とか、「パスワードは3ヶ月ごとに変更しなければならない。」といった管理手法は、あくまで現状の情報技術やサイバー攻撃の手法等を前提として妥当と整理されているに過ぎず、新たな攻撃手法が出てくることで見直すべき必要が生じることもある。

　ただ、管理手法を見直すたびに取締役会等で審議して規程を改定するのは繁雑であるため、具体的な管理手法については、個人情報取扱規程の下位規範である規則やマニュアル等で別途定めることが多い。

　また、企業の個人情報の取扱いに関する社内規程においては、それぞれの規程や規則、マニュアル等で定めるべき事項の区分が

不明確で、それぞれに重複矛盾した内容が定められており、どれが本当のルールなのかが分からないといった例も見受けられるところである。

物理的・技術的安全管理措置の具体的な管理手法について、上記のパスワードの設定ルールのように全社的に一定の水準を確保したいセキュリティ項目は規則で定め、部門等で取り扱う情報システムの違い等によって漏洩リスクが大きく異なる場合に部門ごとでの個別判断に委ねるべきセキュリティ項目は、規則が委譲する枠内において部門作成のマニュアルで定めるといったように、社内規程で規律すべき事項の区分を明確にしておくことも重要である。

７　ランサムウェア等による滅失・毀損リスクへの対処

前記では、主として個人データの漏洩リスクを中心として安全管理措置について解説したが、安全管理措置は、個人データの滅失または毀損の防止に対しても求められるものである。

事業者においては、事業に用いる顧客情報等のデータベースが利用できなくなると、事業継続に支障が生じることから、従業者がデータベースに対して誤った操作等を行うことを防止するために、データベースのレコードの編集や消去等のアクセス権限に制限を設定したり、ダブルチェック後に変更を反映する権限設定を行ったり、定期にバックアップを取得する等の安全管理措置（データの保全策）を講じられているのが通例である。

もっとも、個人データの滅失や毀損が生じるのは、上記のような従業者の誤操作によるものだけではなく、外部者の攻撃による場合もある。たとえば、攻撃者が、事業者のサーバ等をランサムウェア（PCやサーバ内のデータ、システムを暗号化してアクセスで

きなくするマルウェア）に感染させて、事業者に対してその暗号化を解除する条件として身代金を要求するというものである。

　このような外部者によるサイバー攻撃による個人データの滅失・毀損のリスクも想定して、バックアップを用いた復旧が速やかにできるようにデータの保全措置と復旧手順の明確化が重要であるが、バックアップの保存場所が不適切であると、バックアップも含めてランサムウェアに暗号化されてしまうこともあるため、注意が必要である。

　また、ランサムウェアに感染した場合のデータの復旧に際しては、まずはランサムウェアの種類の特定と復号化ツールの提供の有無を確認すべきである。一般財団法人日本サイバー犯罪センター（JC3）のウェブサイトで、欧州刑事警察機構のサイバー犯罪対策機関であるEC3が無償で提供する復号ツール等が紹介されており、それによって復号が可能な場合もある。

　さらに、バックアップが存在してもデータの復旧自体に相当な時間がかかるような場合にもあるため、代替手段による事業継続も**IT－BCP（事業継続計画）**として準備しておくことも重要である。

　しかしながら、不幸にも適切な安全管理措置が講じられておらず、事業に用いるデータベースの復旧が容易にできない場合には、身代金の要求（仮想通貨での支払要求が多い）に応じるべきか否かを判断せざるを得ない場合もある。なお、JC3もランサムウェアに感染した場合、金銭を支払ってもファイルが元通りにならない場合も多くあるため、かかる要求に応じることは推奨されない旨の指摘をしており、最終手段として自己責任での判断にはなる。

　具体的には、①ランサムウェアのネットワーク内の影響範囲、事業継続への影響度合いおよび攻撃者の身代金支払による復旧実

績等を調査した上で、②復旧のための時間と復旧コスト、復旧までの逸失利益、身代金の請求金額との多寡、身代金支払による復旧の可能性および社会的非難による影響度（保護利益）等の観点から検討した上で、支払に応じるか否かを判断すべきである。なお、サイバー保険に加入している場合でも、一般的にランサムウェアによる身代金の支払は補償の対象外になっているので、注意が必要である。

　いずれにせよ、上記のような事態に陥らないように、平時からバックアップを含めた適切な個人データの保全策を講じておくことは、本人との関係のみならず、事業者の事業継続の観点からも重要である。

第14講
個人情報取扱規程の策定

1 個人情報取扱規程の位置づけ

　個人データの取扱いに対して求められる安全管理措置の一環として、「個人データの取扱いに係る規律の整備」が求められる。この規律の整備は、必ずしも「個人情報取扱規程」等の社内規程の形式でなくてもよいが、個人データを取り扱う従業者が認識できるような形式で作成することが必要である。

　個人情報取扱規程に関しては、ガイドライン（通則編）においては、「取得、利用、保存、提供、削除・廃棄等の段階ごとに、取扱方法、責任者・担当者及びその任務等について定める個人データの取扱規程を策定することが考えられる。」（87頁）とされている。

　もっとも、実務では、個人情報取扱規程において個別の業務における個人データの取扱いの責任者や担当者を特定の個人として定めることは少なく、具体的には、「各部門は、個人データ管理台帳に、各部門の保有する個人情報データベース等の種類・名称、個人データの項目、管理者・取扱部署、利用目的、アクセス権を有する者等を記載しなければならない」といった条項を定めておき、具体的な業務における個人情報を含むデータベースやそれを取り扱う業務ごとに管理者等を個人データ管理台帳に記載して特定することが多い。

個人情報取扱規程の内容については、法令上は特に制限はないため、企業や組織によってその構成や内容は大きく異なるが、その役割としては、事業者が個人情報保護法に基づいて課される個人情報取扱事業者の義務の内容を、事業者の従業者に理解させて遵守させることにある。

　したがって、事業者内においてその義務を遵守すべき立場にある従業者を特定して、それを遵守しなければならない旨の条項を置き、どの部門のどの役職の従業者がどのような義務を負うのかを明確化することが必要である。

　以下に、個人情報取扱規程の全体構造の目次を例示する。なお、個人データに対する安全管理措置に関する条項には後記の「4　個人データの管理」に定める条項が該当する。

1	総則
	1.1 目的
	1.2 定義
	1.3 適用範囲
2	管理体制
	2.1 個人情報保護管理者の責務
	2.2 監査責任者の責務
	2.3 従業者の責務
	2.4 教育研修
3	個人情報の取得および利用等
	3.1 利用目的の特定

		3.2 取得に際しての利用目的の通知等
		3.3 適正な取得
		3.4 第三者提供を受ける際の確認
		3.5 第三者提供を受ける際の記録
	4	個人データの管理
		4.1 個人データの正確性の確保
		4.2 個人データ管理台帳
		4.3 個人データの取扱状況の検証
		4.4 取扱区域の管理
		4.5 盗難等の防止
		4.6 移送時の漏洩等の防止
		4.7 データ消去および機器・電子媒体の廃棄
		4.8 アクセス制限
		4.9 外部からの不正アクセス等の防止
		4.10 従業者の監督
		4.11 委託先の監督
	5	個人データの提供
		5.1 第三者提供の制限
		5.2 外国にある第三者への提供の制限
		5.3 第三者提供にかかる記録の作成等
		5.4 第三者提供の際の確認への対応

6	本人からの求めへの対応
	6.1 保有個人データに関する事項の公表
	6.2 開示
	6.1 保有個人データに関する事項の公表
	6.2 開示
	6.3 訂正等
	6.4 利用停止等
	6.5 理由の説明
	6.6 開示等の請求に応じる手続
7	匿名加工情報の取扱い
	7.1 匿名加工情報の作成等
	7.2 匿名加工情報の提供
	7.3 識別行為の禁止
	7.4 安全管理措置等
8	苦情処理
9	監査
	9.1 監査の実施
	9.2 体制の見直し
10	漏洩等の事故への対処
	10.1 初動対応
	10.2 再発防止

Ⅰ 個人情報取扱規程の位置づけ

11	社内処分
12	改廃

② 組織的安全管理措置（組織体制の整備）

　個人情報取扱規程の見直しの際に、よく直面する課題は「組織体制の整備」である。ガイドライン（通則編）においても例示されているが、組織体制の整備として、個人データの取扱いに関する責任者の設置および責任の明確化、個人データを取り扱う従業者及びその役割の明確化、前記の従業者が取り扱う個人データの範囲の明確化等が挙げられている。

　しかしながら、個人情報取扱規程において、具体的な管理手法は定められているものの、それを実行する主体の記載がない、または主語がすべて「当社」とされているものが実務上は少なからず存在する。個人データの取扱いは、「当社」の内部にいる従業者が行うため、どの従業者がどのような役割を果たさなければならないのかが明確にされておらず、またその役割を履行するための承認手続のフローも定められていないようなルールは機能しない。

　個人情報取扱規程の見直しの際に、既存の個人情報取扱規程に定められている義務についても、その義務を実行したり、決定するのはどの部門・どの役職者なのかを詰めていくと、すべて個人情報保護管理者に押しつけられるか、部門間／役職者間で押しつけ合うという構図がよく見受けられる。

　これは、組織内での個人データや情報システムの所管や権限分掌が明確でなく、曖昧なままで運用されていることに起因するも

のと思われる。その結果、従業者の誰もが、誰かがやっているんだろうという認識の下、誰も守らなくなり、ルールとして形骸化していくのである。

このような個人データの取扱いルールが適切に策定・運用されない実態の原因は、誰が責任を持つのかを曖昧にしてしまう、いかにも日本らしいガバナンス上の課題が根底にあり、根深い問題があることを理解しなければならない。

③ 組織的安全管理措置（個人データの取扱状況の確認）

個人情報取扱規程を策定するだけで終わってしまい、そのまま放置している事業者もよく見受けられるところであるが、組織内の従業者が個人データの取扱いを適切に行っているかをモニタリングすることができる仕組みの構築も必要である。

また、企業において事業や業務フローに変更等が生じたり、取扱いの担当者が変更されたりすることは通例のことであり、変更に応じてルールやアクセス権限も変更しなければならないが、そのような見直しが適正にできているかを検証するためにも、特定の責任者に個人データの取扱状況を確認するように義務づけることは重要である。

ガイドライン（通則編）に例示された管理手法に基づいて、個人データの取扱い状況を確認するための管理手法を条項化したものについては、**第13講⑤**の条項例を参照されたい。

④ 人的安全管理措置

ガイドライン（通則編）において、人的安全管理措置の管理手法の例示としては、個人データの取扱いに関する留意事項について、従業者に定期的な研修等を行うこと、個人データについての

秘密保持に関する事項を就業規則等に盛り込むことが定められている。

　個人情報保護法が施行された2005年前後や入社のタイミングで、会社から「個人情報の取扱いに関する誓約書」の提出を求められたという方もいるのではないかと思われる。これは、2015年度の個人情報保護法の改正までは事業者に広く適用されていた「個人情報の保護に関する法律についての経済産業分野を対象とするガイドライン」においては、「人的安全管理措置として講じなければならない事項」として、「雇用契約時における従業者との非開示契約の締結」が挙げられており、これが法的な義務とされていたことに起因する。

　もっとも、現行の個人情報保護委員会のガイドライン（通則編）においては、上記のとおり、就業規則へ盛り込むことで足りるとされている。

　このように、従業者からの誓約書の提出は、現在では法的な義務ではなくなっているが、人的安全管理措置の意義は、「従業者に、個人データの適正な取扱いを周知徹底するとともに適切な教育を行わなければならない。」（92頁）という点にあることから、誓約書の締結を通じて、個人データの取扱いに対する意識を持たせるという意味においては特に提出を求めるのを止める必要はないと思われる。なお、一般的に企業が用いている誓約書においては、機密情報（営業秘密）に対する秘密保持義務や目的外利用の禁止の義務も含んでいるものが多く、それらの義務を課すという観点からも引き続き提出を求める企業が多いかと思われる。

　さらに、従業者に個人データの取扱いに対して注意喚起を促すために、定期的な研修等を通じて個人データの取扱ルールを周知し、漏洩を防止しなければならない意識を持たせることも重要で

ある（**第 15 講** 5 **参照**）。

5　プライバシーマーク制度における付与事業者

　プライバシーマーク制度は、日本産業規格「JIS Q 15001 個人情報保護マネジメントシステム－要求事項」に適合して、個人情報について適切な保護措置を講ずる体制を整備している事業者等を評価して、その旨を示すプライバシーマークを付与し、事業活動に関してプライバシーマークの使用を認める制度である。

　JIS Q 15001：2017 における個人情報保護マネジメントシステム（PMS）は、リスクマネジメントプロセスを適用することによって個人情報の保護を維持し、かつ、リスクを適切に管理しているという信頼を利害関係人に与えるものとされており、個人情報保護法において個人情報取扱事業者に義務づけられている水準よりも高度な情報管理を求めている。

　たとえば、個人情報保護法においては安全管理措置を講じる義務の対象は「個人データ」に限定されているが、プライバシーマーク制度の付与事業者には、「個人情報」に対しても求められている。また、本人から個人情報を直接書面等で取得する場合にも、個人情報取扱事業者は本人に利用目的を明示すれば足りるが、付与事業者は本人から同意を取得しなければならない。逆にいえば、個人情報保護法は、個人情報の保護だけではなく利用の側面に対してかなり配慮された制度設計になっており、中小規模事業者においても適正に履行できるような最低限度の規制であるといえる。

　したがって、プライバシーマーク制度の付与事業者においては、個人情報取扱規程の内容も個人情報保護法に対応しているだけでは不十分であり、規程の全体構造も前記で紹介したようなものと

は大きく異なることになるため、注意が必要である。

⑥ 個人情報取扱規程をみれば情報管理のレベルが分かる

　個人情報取扱規程を策定している事業者でも、その内容は法令の条項のみをそのまま定めるもので、たとえば、「当社は、その取り扱う個人データの漏えい、滅失又はき損の防止その他の個人データの安全管理のために必要かつ適切な措置を講じる。」と個人情報保護法20条と同じ内容を定めており、「安全管理のための必要かつ適切な措置」の具体的な内容は何も定めていないものも実務上多いように思われる。さらに、具体的な措置は細則で定めるとされているが、細則は制定されていないというものも見受けられる。

　また、個人情報取扱規程において具体的な条項を定めている場合でも、当該事業者の業務フローにまったく合っていない抽象的な規程のひな形をそのまま社内規程として策定し、現場には規程の存在も周知されることもなく、各部門においてそれぞれの判断で個人データが管理されているという事業者もいる。

　このような事態が生じる原因としては、事業者において個人データのマッピング（特定）やリスク評価ができておらず、それらを踏まえた具体的な安全管理措置（管理手法の選択）も決めていないことにあるように思われる。このような個人情報取扱規程を定めたところで、従業者はどのように個人データを取り扱えばよいのかは分からず、個人データの安全管理は現場任せになっており、従業者に対する監督ができていないということになる。

　個人情報取扱規程を策定したら対応完了として、個人データに対して、このような現場任せの無責任な管理体制にあることすら認識していない経営者も多い。ガイドライン（通則編）におい

ても、従業者の監督ができていない例として、「従業者が、個人データの安全管理措置を定める規程等に従って業務を行っていることを確認しなかった結果、個人データが漏えいした場合」が挙げられており（42頁）、そもそも現場での個人データの取扱いの実態を把握する手段を設けていない時点で、個人情報保護法対応はいまだ完了していないことを認識すべきである。

　また、個人データの取扱いは、特定の部門に限定されるものではなく、情報システムを通じて広く全社的に利用されるものであるため、個人データの取扱いに関する部門を超えたその役割分担と責任範囲を明確にしなければならず、管理部門だけでは調整困難な課題である。

　ビジネスにおけるデータの重要性が高まってきていることを踏まえると、個人データの漏洩リスクも増大することから、経営者には組織全体の課題として認識し、**早期に部門ごとでの個別最適化された情報管理体制ではなく、全社的に統一された情報管理体制の構築を進めていくことが求められる。**

第15講
個人情報に対する従業者の意識を
向上させる工夫

① 改正個人情報保護法による漏洩事故の報告義務化と厳罰化

　日本においても個人情報保護法が成立した2003年からすでに15年以上が経過し、個人データの漏洩事案等も報道で取り上げられたりしたことで、個人情報を大切に取り扱わなければならないという意識は、世間一般に広がっているように思われる。

　しかしながら、最近でも後記のベネッセコーポレーションによる顧客情報流出事案のように、個人情報保護法が成立した当時と変わらず、従業者が個人データを持ち出して名簿業者に売却してしまう事例も発生している。

　そのような状況を踏まえて、2020年度の改正個人情報保護法においては、漏洩等が発生し、個人の権利利益を害するおそれがある場合には、これまでは努力義務とされていた個人情報保護委員会への報告および本人への通知が義務化されることになり、今後は本人への通知等によって漏洩事案が顕在化する可能性は従前よりも高まることになる。

　また、以下のように、個人情報保護委員会による命令への違反・委員会に対する虚偽報告等の法定刑が引き上げられ、個人情報保護委員会による命令への違反やデータベース等不正提供罪に関する罰金について、法人に科す罰金刑の最高額が1億円と行為

者よりも大幅に引き上げられている。

違反行為	現行法	改正法
虚偽報告等	30万円以下の罰金 法人併科：同内容	50万円以下の罰金 法人併科：同内容
勧告・命令違反	6月以下の懲役／30万円以下の罰金 法人併科：同内容	1年以下の懲役／100万円以下の罰金 法人重科：1億円
データベース等不正提供罪	1年以下の懲役／50万円以下の罰金 法人併科：同内容	1年以下の懲役／50万円以下の罰金 法人重科：1億円

　したがって、事業者においては、従業者による故意の個人データの持出しを含めて個人データの漏洩を防止するための教育を継続的に行うことが今後さらに重要になる。

② 大手教育出版企業による顧客情報流出事案

　過去に発生した内部者による大量の個人データの持出し事案として、2014年に発生したベネッセコーポレーションの顧客情報流出事件がある。ベネッセコーポレーションのシステム開発・運用を行っているグループ会社シンフォームの業務委託先の派遣社員が無断で会員情報を持ち出して、名簿業者に会員情報1億7,800万件分を売却し、名簿業者からさらに50社以上に転売され、最終的に複数の名簿業者などを通じて500社超に流出していたことが判明したというものである。

　上記の漏洩発覚後に設置された、弁護士等で構成された「個人情報漏えい事故調査委員会」の調査報告書によれば、委託先のシンフォームでは、サーバからの通信量が一定の閾値を超えた場合、

各担当部門の部長に対して、メールでアラートが送信される仕組みが採用されていたが、当該派遣社員がサーバから顧客情報を抜き出した当時には、その通信がアラートシステムの対象として設定されておらず、また、社内PC内のデータを外部メディアへ書き出すことを制御するシステムが採用されていたが、制御システムのバージョンアップの際に、特定の新機種のスマートフォン等の一部の外部メディアへの出力制限に対応できていなかったとのことである。このように、不正を検出・制御するシステム上の仕組みは存在していたが、現場では適正に運用されていなかったのである。

そもそも従業者が顧客情報を持ち出すこと自体が問題であり、従業者に対する教育研修において、データベース不正提供罪による刑事罰の可能性についての周知も重要ではある。しかしながら、上記のような顧客情報は、通信教育事業にとって事業継続に必要不可欠な情報であったにもかかわらず、情報システムにかかわった従業者が、上記のような設定ミスを見落としていたことや、組織への帰属意識が比較的希薄である派遣社員に十分な牽制を行うことなく業務を行わせていたことにこそ、組織体制としての根本的な問題があり、組織として個人データに対する意識に問題があったと思われる。

③ 大手旅行業企業の標的型メールによる不正アクセス事案

標的型メールによってマルウェアに感染し、大量の顧客情報を漏洩した事案として、2016年に発生したJTBの標的型メールによる不正アクセスの事案がある。この件は、内部者である従業者が持ち出した事案ではないが、インシデントの発生時の従業者の

対応に問題があった事案として取り上げたい。

オペレータが受信した取引を装った標的型メールの添付ファイルを開いたことで、クライアントPCがマルウェアに感染し、外部からの遠隔操作によって感染が拡大して個人データのあるサーバにアクセスされ、約679万人分の顧客データが流出した可能性を公表したというものである。

この漏洩事案が発生した後に、観光庁長官の指示で設立された旅行業界情報流出事案検討会は、当該事案の原因調査とJTBの対処を評価して再発防止策を提言しているところ、その中でオペレータが取引先を装った不正添付ファイル付メールを受信し、その添付ファイルを開いたことを発端とする情報流出事案であるが、オペレータが誤って添付ファイルを開いたこと自体は問題ではなく、その後に事案を縮小化できる機会を逃し、かつ重要情報が流出した可能性があるにもかかわらず、経営層や監督官庁への報告が遅れた点が課題である旨が指摘されている。

そして、被害拡大が防げなかった原因として、①IT担当部署・担当者に標的型攻撃に対する知識不足があった、②不正な通信先との通信遮断を実施するまでに相当時間を要しており、自社システムへの理解不足があった、③攻撃者が個人データのあるサーバに到達するまでの時間が短く、ネットワーク構成に問題があった、④事案発生時のインシデント把握の端緒となる情報の迅速な共有ができておらず、事案発生時のマネージメント体制の不足があった、⑤情報流出の可能性が認められた時点での担当役員、監督官庁への報告・公表がなされなかった等の事象が指摘されている。

これらの原因についても、上記のような旅行者の個人情報は、旅行業にとって事業継続に必要不可欠な情報であるにもかかわら

3

大手旅行業企業の標的型メールによる不正アクセス事案

ず、事案にかかわった従業者が個人データの漏洩事案が経営に影響を与える重大な問題と認識できていなかったことによるものであり、組織としての個人データに対する意識に問題があったものと思われる。

④ 従業者の個人データに対する意識が向上しない原因

上記のような大手企業においては、当然のことながら従業者に対する個人データの取扱いに対する教育を行っていたと思われるが、実際に従業者が適正な安全管理やインシデント対応ができているわけではない。

この原因については、事業者における従業者に対する個人情報に関する教育自体に問題があると認識しなければならないと思われる。

一般に、個人情報保護研修として実施されているものでは、日常業務における個人情報の取扱いに際して発生しやすい従業者のケアレスミスについての注意を促すものが多い。たとえば、FAX の誤送信やメール送信時に BCC に入れるべき宛先を CC に入れて送信先のメールアドレスを漏洩する場合等である。実際に、個人情報保護委員会が公表する「令和元年度個人情報保護委員会年次報告」においても、漏洩等事案の多く（79.6%）は、書類および電子メールの誤送付、書類および電子媒体の紛失であるとされており、事業者における日常の個人データの管理における課題はその点が中心となる。

もっとも、これらの個人データの漏洩に関しては、個人情報保護委員会による「個人データの漏洩等の事案が発生した場合等の対応について（平成 29 年個人情報保護委員会告示第 1 号）」においても、FAX もしくはメールの誤送信、または荷物の誤配等のう

ち、宛名および送信者名以外に個人データまたは加工方法等情報が含まれていない場合の場合については、そもそも報告を要しないとされており、インシデントとしての重大性は非常に低いものであり、実際にその程度のインシデントが発生したところで、経営に対する影響はほとんどない。

　個人情報保護法が本来的に保護しようとしているのは、個人情報データベース等であり、個別の個人情報ではないのであるから（**第3講**②参照）、1人の個人データの漏洩事案について厳格に問題視するのは、個人情報保護法の考え方には沿っておらず、合理的とは言いがたい。

　このように、経営に及ぼす影響度の軽重を踏まえて従業者に対して、個人データの取扱いにおけるリスクを理解させることが教育において重要であるが、実際のところは、企業の法務部門や総務部門は、個人情報取扱規程のひな形を参考に社内規程を策定するだけで完結し、自社内の個人データの特定や個人データの漏洩等のリスク評価を怠っている事業者も多いところである（**第13講**④・**第14講**⑥参照）。

　その結果として、定期的に研修は実施しつつも、個人情報取扱規程に基づく管理ルールや最近の漏洩事案の紹介のみを解説する形式的な研修にとどまり、受講した従業者に対して、自社における個人情報を含むデータベースに対するリスク評価の結果を踏まえた注意喚起ができておらず、現場における運用の適正さをチェックする契機として機能していないように思われる。

　このような形式的な教育を繰り返していても、経営に重大な影響を及ぼすような個人データの漏洩につながるシステムの設定ミスの発見や情報漏洩時の経営陣への報告の遅延を回避することはできないように思われる。

⑤ 従業者への研修のポイント

　従業者への研修においては、①自社のリスク評価に基づいて策定された個人データの取扱ルールを理解させるとともに、②個人データの漏洩が経営に及ぼす影響を理解させ、③個人データの漏洩を防止するために従業者に求められる対応（データベース等不正提供罪による刑事罰の周知を含む。）と個人データの漏洩時に従業者に求められる対応について理解させることが必要である。

　①取扱ルールの理解については、現場の担当者は、個人データの取扱いに対して必要かつ適正な安全管理措置を講じなければならないと抽象的な義務を説明しても、そもそも日常業務において具体的にどのような場面で気をつけなければならないのかが理解できないことが多いため、従業者がイメージできるような自社での典型的な個人データを取り扱う業務フローを例として、マニュアルで定めるような安全管理のための具体的な管理手法を説明し、違反しがちな取扱例を紹介することが望ましい。

　また、情報セキュリティの仕組みや取扱ルールについては、従業者としてはいずれも遵守しなければならないものではあるものの、その中でも遵守しないことで重大な情報漏洩事案につながるものと、そうではないものが混在している。管理部門において、これらについて研修する場合には、ルールである以上は守らなければならないと説明せざるを得ず、結果として受講した従業者にはどれが事業継続に重大な影響を及ぼすおそれがある重要度の高い取扱ルールであるかが理解できないこともある。

　そのような観点からは、従業者が具体的な管理手法を遵守しないことで、どのようなリスクが顕在化してしまうのかを説明したりすることも、受講者に情報漏洩等のリスクのレベル感の違いを

認識してもらいやすい工夫である。

　次に、②個人データの漏洩による影響については、具体的に実際に発生した事例をベースにして説明することが望ましく、その際には、**情報漏洩等への対応コストや、被った損害額、事業上の損失（逸失利益）等についても具体的な金額ベースで紹介**することが有効である。

　NPO日本ネットワークセキュリティ協会（JNSA）が定期的に公表している「2018年情報セキュリティインシデントに関する調査報告書」において、個人データの漏洩事案における平均的な想定損害額を算定しており、参考になる。

　これによれば、近年の1人当たり平均想定損害賠償額は、3万円前後であるとされており、取り扱う個人データの価値を直感的に現場の担当者に理解させる方法として、3万円×取り扱う個人データの件数が業務において漏洩事故を発生させた場合の損失額であるという意識を持つように指導することも、事業者の取り扱う情報の内容や規模等によっては正確さには疑義があるものの、担当者への伝わりやすさにおいて有効である。たとえば、100名の取引先担当者の電話番号が登録されたスマートフォンを管理する際に、300万円の現金を持っていると思えば、携帯したまま飲みに行くのは問題だとか、首からストラップで提げておくことも当然だと個人データに対する意識を持ちやすくなるということである。

　さらに、③従業者に求められる対応については、紹介する事例と同様のリスクが顕在化しうる、自社における個人情報を含むデータベース等を特定し、それを取り扱う業務については特に注意喚起しておくことによって、現場においても特に重要な個人データを取り扱っているという意識が生まれ、業務における責任

感やモラル意識の向上を図ることができるものと思われる。

⑥　個人データの取扱ルールの定期的な見直し

従業者の個人データに対する意識を向上させるためには、教育だけではなく、現場に適用される取扱ルールのメンテナンスも重要である。

ビジネスの展開に応じて個人データを取り扱う業務フローも変化するのが通例であるため、個人データの取扱ルールについては、一度定めても業務フローの変化に応じて適時に変更していかなければ、現場においても適正に運用をしていくことはできない。

しかしながら、実態としては、企業の法務部門や総務部門が個人情報保護法の改正時にも個人情報取扱規程の見直しを行うだけで、その後は下位の規則や細則、取扱マニュアル等のメンテナンスもできていないという事業者も多い。これでは、現場において取扱ルールと実務に乖離が生じるため、取扱ルールに従わなければならないという意識が希薄化していき、現場独自の価値判断に従った別の管理手段で取り扱うといった個別最適化した情報管理体制になってしまう。

現場における取扱ルールと実務の乖離を検知するためにも、定期的に個人データの取扱状況（取扱ルールの遵守状況）をモニタリングすることが重要であり、少なくとも以下のようなタイミングでは見直しを検討することが望ましい。

（取扱いルールの見直しのタイミング）
① 　６ヶ月に１回・年１回等の定期的に特定の見直し時期を設定
② 　個人データ管理台帳を変更した時
③ 　組織変更等により、業務のフローが変更された時
④ 　事業所の移転・模様替え等で安全管理上の変更が生じた時

⑤　情報システムの導入・変更等でセキュリティ環境に変更が生じた時

⑥　業務に関連する法令・ガイドラインの改定があった時

⑦　情報漏洩等の緊急事態が発生した後、再発防止策を検討する時

⑦　テレワークにおける情報管理

　最近では、新型コロナウィルス感染症防止の観点からテレワークが拡大し、従業者が社外から個人データを取り扱う業務を行うことが常態化しつつあるが、「新型コロナウイルス感染症緊急事態宣言」が発令される以前は、テレワークのための体制整備が十分にできていなかった企業も多かったところである。そのような企業においては、改めて社外における個人データを含めた情報管理のための取扱ルールの策定や情報セキュリティの仕組みの見直しを行うべきである。

　テレワークにおける取扱ルールの見直しとしては、テレワーク勤務規程等の特別な規程を設ける企業もあれば、情報管理規程や情報セキュリティ管理規程等にテレワークでの情報管理を追記するものも存在するが、具体的にテレワーク勤務者に求められ義務としては、以下のようなものが想定される。

（テレワーク勤務者に課すべき情報管理に関する義務の例）

①　テレワーク勤務中に取り扱う業務上の情報は、会社が指定するサーバにおいて保管・管理しなければならないものとし、会社の許可なくテレワーク勤務で使用するために会社から貸与された、パソコン、スマートフォンおよびタブレット端末等の情報通信機器（以下「情報通信機器」とします。）内の記憶媒体またはUSBメモリ等の外部記憶媒体に保存してはならない。

② 会社の許可を得て業務上の情報を含んだ情報通信機器または媒体を社外に持ち出す場合には、管理責任者の許可を受けた上で、盗難又は紛失時に第三者による閲覧等を防止するために必要かつ適切な措置（施錠が可能な場所での保管やパスワード等による暗号化等）を講じ、厳重に保管・管理しなければならない。

③ 社内、テレワーク勤務者の自宅または会社が認めた場所以外の場所で、会社から貸与された情報通信機器を使用してはならない。

④ 情報通信機器を利用して業務上の情報を取り扱う場合には、家族を含む第三者からのぞき見または盗聴等されないように取り扱わなければならず、紛失、毀損を防止するために必要かつ適切な方法で保管・管理しなければならない。

⑤ 会社から貸与された情報通信機器を業務以外の目的で利用してはならず、会社の許可なく会社から貸与された情報通信機器にソフトウェアをインストールしてはならない。

⑥ 会社から貸与された情報通信機器に導入されているアンチウィルスソフトその他のセキュリティソフトウェアを削除してはならず、適時に更新しなければならない。

⑦ 公衆無線 LAN スポットその他情報漏洩のおそれのあるネットワークへ会社から貸与された情報通信機器を接続してはならない。

⑧ 会社の許可なく会社から貸与されたもの以外の情報通信機器を業務に利用してはならない。

また、情報セキュリティの仕組みの検討としては、テレワークによって社外からの情報システムへのアクセスを認めることになるため、業務フローの変化や情報システムの変更を伴うことになるはずである。

したがって、そのようなテレワーク勤務者が社外からアクセスする対象となる個人データを特定し、それによる個人データの漏洩リスクの評価を実施して、情報システムに対する権限認証の強化や新たなアクセス状況の監視ツールの導入等、情報システム自体に対しても情報漏洩のリスクの変化に応じた対策を講じること

が必要となる。

　このようなリスクの変化に伴った取扱ルールの見直しの取組みや情報セキュリティの仕組みの見直しを継続することが、個人データに対するリスク認識を高め、従業者の個人データに対する意識の向上につながるものと思われる。

第16講
個人データをクラウドで保管すべきか

1 オンプレミスからクラウドへ

　個人情報を含めて情報は、民法上は無体物であるため、所有権の対象にはならず、特許権や著作権等の知的財産権でない限りは、排他的な支配権は認められていない。それゆえに、情報を独占するためには情報を自己の所有する有体物（媒体）に保存して事実上囲い込み、他者に情報を開示する場合には秘密保持義務と目的外利用の禁止を義務づけるほかない。

　他者が所有・管理する媒体に情報を保存した場合には、当該情報を取り戻す法律上の権利はなく、あくまで契約上の義務としている場合に返還請求できるだけであって、当該媒体を所有・管理する他者が契約に反して第三者に情報を提供してしまった場合や情報を漏洩してしまった場合でも、当該情報が不正競争防止法に基づく営業秘密ないし限定提供データに該当しない限りは、転得者に対して当該情報の利用等の差止めを請求することもできない。このような理解を前提とすれば、情報は自己が所有・管理する媒体に保存するのが最も安全であり、たとえ秘密保持義務等を負わせたとしても他者の所有・管理する媒体に保存することは漏洩リスクを伴うということになる。

　このように、従来は、重要なデータについては自社内やデータセンタ等の設備内に、自社が所有・管理するサーバ等のコン

ピュータリソースを設置・導入し（オンプレミス、自社運用型）、その中でデータを保存・管理するのが、漏洩リスクの管理の観点からは合理的な対応であると理解されていた。

しかしながら、不正アクセスによる情報漏洩が増加していく中で、自社の所有・管理するコンピュータリソースに対するセキュリティ・コストが増大する一方で、情報セキュリティのレベルを高めた安価なクラウドサービスが増加してきた。その結果、不正アクセスへの対応コストの圧縮と社外からでもアクセスできる利便性などから、自社環境で情報システムを運営・管理するよりも、クラウド環境で運営・管理する方が安全で低コストであるという考え方に変わってきているように思われる。

② クラウドサービスの特徴

クラウドサービスには、さまざまな形態のものが存在しているが、2013年に経済産業省がクラウドサービスの利用者向けに、クラウドサービスの利用に当たっての管理策の選択のために策定した「クラウドサービス利用のための情報セキュリティマネジメントガイドライン」において、クラウドサービスとは、クラウドコンピューティングを提供するネットワークサービスの1つであるとされ、クラウドコンピューティングとは、「共有化されたコンピュータリソース（サーバ、ストレージ、アプリケーションなど）について、利用者の要求に応じて適宜・適切に配分し、ネットワークを通じて提供することを可能とする情報処理形態」と定義されている。

このようなクラウドサービスを前提として、ホスティングによるレンタルサーバ（データセンタ内に設置されているデータセンタが所有するサーバ本体を専用で借りること）の場合と対比した場合

に、クラウドサービスに特徴的な部分としては、①利用者はデータセンタ内のコンピュータリソースを借りているのではなく、他の利用者と共有化されたコンピュータリソースを利用することをサービス（役務提供）として提供されている点と、②利用者がデータを保存するコンピュータリソースの所在や機器自体が開示されず、利用者が認識できないサービスである場合があるという点がある。

なお、実態としては利用者向けに専用のコンピュータリソースを貸し出すレンタルサーバの場合も、広告的効果を狙ってクラウドサービスと称して提供されることもあるが、そのようなものはここでのクラウドサービスには含めていない。

③ クラウドサービスは安全なのか

まず、①のクラウド事業者からコンピュータリソースを借りているわけではない点については、利用者専用のレンタルサーバの場合は、利用者はサーバの賃借人として、法的にそのサーバ（有体物）の排他的な支配を主張できるが、クラウドサービスは、クラウド事業者が準備したコンピュータリソースにデータをアップロードして預かってもらっているだけで、どのサーバでデータを保存するかについてはクラウド事業者との契約の内容にはなっていない。

クラウドサービスが安価な理由については、レンタルによって特定の利用者向けにコンピュータリソースを常に提供し続けなければならない場合にはそのリソースの管理コストを利用者に負担してもらうほかないが、クラウド事業者が準備したコンピュータリソースを多数の利用者向けに提供する場合には、特定の利用者が使っていないリソースを他の利用者に使わせることでコン

ピュータリソースの有効活用が可能となるという意味で、いわゆるシェアリングサービスだからである。

　クラウドサービスでは、利用者はクラウド事業者に対し、クラウド事業者が所有・管理しているコンピュータリソースの空いているところに、アップロードしたデータを保存してもらうことを委託しているに過ぎないのである。

　クラウドサービスを利用している利用者は、自社で運用・管理していたサーバの代わりに、クラウド内に自社の専用のセキュアなストレージを借りているかのような感覚になっていることも多いが、契約上は、あくまで契約形態はハードウェアの賃貸借ではなく、クラウド事業者にデータを預けて管理してもらうサービス（業務委託）であり、クラウド事業者はデータを保存・管理する環境を単に利用者に約束しているだけに過ぎない。

　そのような意味で、クラウドサービスの利用を選択するかは、クラウド事業者がそのデータを第三者に開示・漏洩せず、安全に管理してくれることについて、クラウド事業者を信用できるかという信用評価の問題である。

　なお、クラウド事業者側ではメンテナンスや保守以外では、クラウドサービスのストレージにはアクセスできないといった仕様にしているものもあるが、あくまでクラウド事業者の所有物である以上、技術的にはアクセス自体は可能であり、それも結局はクラウド事業者が実際にデータにアクセスしないという運用を遵守することについて信用できるかという点に尽きるところである。

　実際にクラウド事業者が契約通りに正しい運用をしていなかった事例として、2012年6月にファーストサーバによるデータ消失事件が発生している。同事故は、サーバのメンテナンスの際に、運用手順に不備があり、不具合のある更新プログラムを適用して

しまい、バックアップを含めてサービス利用者の大量のデータを消失させてしまったというものである。なお、当該サービスの広告においては外部サーバにデータをバックアップしている旨が記載されていたが、実際には1つの物理サーバ内で仮想化技術を用いて分けた論理サーバにバックアップしていたため、不具合のある更新プログラムを物理サーバに適用した結果、バックアップも一緒に消失してしまい、利用者のデータの復旧もできないという事態を招いたのである。

このような事案が再び発生することも否定できないことから、クラウドサービスを利用する場合には、自社ではコントロールできない、クラウド事業者において生じた技術的脆弱性や不適正な運用・管理等によって、アップロードしたデータが毀損したり、消失したりするリスクが生じる点を理解して選択する必要がある。

その上で、クラウドサービスにおける情報セキュリティ対策に対する信頼性も、利用者におけるクラウドサービスの選択において重要な要素になるところ、2018年7月に総務省がクラウド事業者向けに「クラウドサービス提供における情報セキュリティ対策ガイドライン（第2版）」を策定しており、クラウドサービスを選定するに際し、クラウド事業者が実施している情報セキュリティ対策の状況を確認するための指標として参照することも有効である。

④　クラウドサービスにおけるサーバの所在地

次に、②の利用者がサーバ等の所在や機器自体を認識できない点については、クラウド事業者の情報セキュリティの観点から、利用者にはデータセンタの所在地を開示されない場合があるが、このようなクラウドサービスにおいては、利用者はまったく認識

なくデータセンタの所在する国の法律の影響を受けるおそれがある。

最もリスクが高いのは、**利用者がクラウドサービスで運用・管理しているデータが、外国の公権力によるデータの取得や開示強制の対象となる場合**である。たとえば、米国愛国者法（USA PATRIOT Act）では、テロやコンピュータ濫用罪に関連する優先通信や電子的通信を傍受する権限やあらかじめ通知することが捜査に悪影響を及ぼす場合には、裁判所命令や令状の通知なく捜索を行う権限等が政府に認められている。また、中国のデータ規制捜査権限法（中華人民共和国国務院令第147号）では、国内に流入する情報に対して、モニタリングや検閲や差押え等の規制を及ぼす権限が政府に認められている。

日本においてクラウドサービスを利用する利用者は、上記のような外国にサーバがあることについては認識がない場合でも、外国の政府によってサーバの捜索・押収が実施されることで、結果として、クラウドのストレージへのアクセスが不能となったり、自社のデータが消失するリスクがある。しかも、自社にはまったく関係のなく、クラウドで単に同じサーバを共有している他の利用者をターゲットとした捜査・捜索による影響を受けるのである。

そのような懸念に対応するため、利用者にてデータセンタの所在地を選択できるクラウドサービスも存在はしているが、利用者は、上記のようなリスクを認識した上で、クラウドサービスの選択を行うことが重要である。

⑤ クラウドから個人データが漏洩した場合の民事上の責任

クラウドサービスを利用して、利用者がクラウド内のストレー

ジに個人データを保存している場合に、そのストレージから個人データが漏洩した場合には、利用者とクラウド事業者の責任の区分が問題となる。

民事上の責任については、多くのクラウドサービスの利用規約等において、クラウド事業者に故意または重過失がない限りは、データの消失を含めた損害の賠償義務を負わないとか、支払を受けた利用料の範囲内でのみ賠償するといった免責条項や責任限定条項が定められているのが一般的である。

また、前記のファーストサーバの事案においても、そのような免責条項や責任限定条項が定められていたところ、ファーストサーバは、事故発生直後に、弁護士等で構成する第三者委員会を設置してデータ消去の事故調査を行わせ、「事故に関する過失は、故意と同視できるほどの悪質な過失（重過失）には該当しない」とか、「ファーストサーバの過失は、軽過失の枠内ではあるものの、比較的重度の過失であった」と結論付けた調査報告書の提出を受けて、データ消去事故による利用者の損害が、上記の利用規約の免責や責任制限の対象となることを補強していたところである。

このように、クラウドサービスにおいては、データの消失による損害やデータの復元費用はもちろんのこと、漏洩した個人データの本人等への謝罪や問い合わせ対応等の費用負担や本人への損害賠償等の負担を含めて、すべて利用者が負担しなければならないことが前提になる。

利用者は、上記のような前提を認識した上で、個人データをクラウドサービスで運用・管理するのかを検討することが重要である。

なお、クラウドサービスの利用を選択するかは、前記のとおり、クラウド事業者がそのデータを第三者に開示・漏洩せず、安全に

管理することを信用できるかという信用評価の問題であるが、前提としてクラウド事業者が自らの免責や責任限定を行って提供しているサービスであることも理解して信用評価を行うことは重要である。

⑥ クラウドから個人データが漏洩した場合の個人情報保護法上の責任

個人データの漏洩に関する個人情報保護法上の責任に関しては、個人情報保護員会によるガイドラインに関する Q&A において、サービス提供事業者が、利用者のクラウドサービスの利用によりクラウドに保存された個人データを取り扱わないこととなっている場合には、利用者は個人データを「提供」（法 23 条）したことにはならず、その結果、法 22 条に基づく委託先の監督義務も課されない旨の回答がなされている（Q5 － 34）。

クラウド事業者が管理するコンピュータリソースに利用者がアップロードした個人データを保存しているのは、利用者の委託によるものであるが、クラウド事業者は個々のデータの内容を確認して管理しているわけではなく、たとえば利用者が個人情報を含んだ書類を黙って詰め込んだ段ボール箱を、中身を知らずに預かっている倉庫業者と同様に、クラウド事業者は個人データを取り扱っていることを認識していないから、個人データの取扱いの委託には当たらないということである。

したがって、クラウドサービスの利用規約等において、利用者がクラウドにアップロードしたデータに対するクラウド事業者のアクセス制限が定められていれば、クラウド事業者は委託先ではないため、クラウド事業者の責に帰すべき事由による個人データの漏洩（既知のコンピュータリソースの脆弱性を長期間放置していた

ところ攻撃を受けた場合等）について、利用者は個人情報保護法上の委託先の監督の責任を問われる立場にはない。他方で、上記個人情報保護委員会の回答においても、利用者はクラウド事業者を委託先として監督する必要はないものの、自ら果たすべき安全管理措置の一環として、適切な安全管理措置を講じる必要がある旨は指摘されている。

したがって、利用者は、クラウドで保存されている個人データに対して、自社のオンプレミスのサーバと同様に、個人データの安全管理措置を講じる義務を負うことになる。たとえば、利用する権限を与えられた従業者に対してのみ、クラウドへのアクセス権限が付与されているか、クラウドへのログイン認証にかかるパスワードが適切な強度であるか等の安全管理措置は利用者の責任において講じなければならず、それらの設定が不適切であることに起因して生じた個人データの漏洩の責任は、当然のことながら、利用者が問われることになる。

なお、前記の経済産業省の「クラウドサービス利用のための情報セキュリティマネジメントガイドライン」において、クラウドサービスを利用する際に利用者が検討すべき管理策と実施の手引が示されているので、個人情報保護委員会のガイドライン（通則編）における安全管理措置の管理手法の例示と合わせて参照することも有効である。

⑦ Web 会議サービス等での情報共有

最近では、新型コロナウィルス感染症防止の観点からテレワークが拡大し、社外での従業者間または従業者と顧客間における情報共有の手段として、社外との間で Web 会議サービスでの画面共有やそれに付帯するクラウド上でのデータの共有等が利用され

ることが増えてきている。

　これらの外部サービスの利用は、いかにセキュアな仕組みであったとしても、あくまでインターネットを通じて第三者が攻撃可能な環境であるため、従業者の不注意によってアカウントが乗っ取られたり、サービスの脆弱性等を悪用して盗聴・傍受がなされるおそれがある。

　したがって、外部サービスの利用に対する情報漏洩等のリスクを事前に評価しておき、会社として個人データの共有を認める外部サービスを限定すべきである。なお、自社では外部サービスでの共有を積極的に認めない場合であっても、顧客等からWeb会議サービスでの共有を求められる場合もあるため、自社が共有を認めるサービスを選択しておくことは必要である。

　また、外部サービスでの個人データの共有を認める場合には、安全管理措置も定めておくことが重要である。たとえば、Web会議サービスで同じルームIDを継続的に使い回したりすると、そのIDに想定外の参加者が参加してしまったり、アクセスするためのパスワードを設定する際に数字のみで4桁といった強度の低いものにすると簡単に盗聴されてしまうこともある。同じプロジェクトでも毎月1日に定期的にルームIDを変更するとか、大文字・小文字を混在させて英数字に記号を加えた8文字以上のパスワードを設定するなどの安全管理措置が必要である。

　なお、以下にWeb会議サービスの特徴からみた、サービスの選択時における主なチェック項目を紹介する。

---

　①　会議データの保存場所
　　・会議データを保存するデータセンターが日本国内に置かれているか、海外にある場合には当該国の政府によってデータを強制的に差し押えられる等のリスクがないか。

② 会議データに対する管理
- クラウド上に保存された録画・録音データは、利用者の選択でバックアップが可能か。
- 機密性の高い会議で利用する場合には、利用者の選択でバックアップも含めて復元不可能な形で削除ができるか。

③ 通信の暗号化
- 会議データの暗号化方式について、サービス提供者においては複合できない方式（サービス提供者側が暗号鍵をもたないエンドツーエンド暗号化方式等）であるか。
- 安全性が確認されている暗号アルゴリズムや通信方式が採用されているか。

④ 情報保護
- 利用規約等において Web 会議サービスで取り扱われる情報がサービス提供者側に会議目的以外で利用・提供が可能とされていないか。

⑤ 会議参加者の確認・認証方式
- 意図しない者の参加を避けるための会議参加者の確認・認証方式（会議パスワード設定機能、開催前の待機室での参加者確認機能、参加者の事前登録機能、参加者名の設定機能、二要素認証機能、強制退室機能等）が、自社で利用を想定する会議に求められる要件（会議の機密性、開催方法、参加人数の規模、認証に関する自社のセキュリティ基準等）に適合しているか。

⑥ 脆弱性対策
- サービス提供者が Web 会議サービスのサービス障害や脆弱性に関する情報を適時に開示しているか。
- サービス提供者の Web 会議サービスの脆弱性が発生していないか、また、過去に発見された脆弱性に対する対策が迅速に完了されており、その内容は適切であったか。

⑧ 機密性のある会議録音・録画データ、共有資料、チャット等の会議データについては、会議終了後にクラウド上からの削除を実施しているか。

また、選定した Web 会議サービスを実際に利用する際にも、

個人データ等の情報漏洩を防止すべきデータを取り扱う場合には安全管理措置等を講じる必要があるため、Web 会議サービスの利用時における主なチェックポイントも紹介しておくので、参考にされたい。

① 外部との会議においては、セキュリティの観点から外部の参加者からも同意が得られる Web 会議開催方法か。
② 会議の機密性に照らして会議の参加者全員が適切な参加環境（第三者ののぞき見、盗聴のおそれがない環境）で接続できる日程になっているか。
③ 意図しない者の参加を避けるため、会議パスワードの設定、参加者の事前登録機能の利用等のアクセス制限を行っているか。
④ 会議パスワードの強度は適切か（大文字小文字の英数と記号の混合で 8 桁以上等）、また参加者に会議パスワードを安全な方法（会議案内とは別経路で送付等）で送付しているか。
⑤ 会議 URL 等を記載した会議案内を安全な送付経路で送付しているか。
⑥ 参加者の入室時に許可する権限（録画権限の可否）を設定しているか。
⑦ 会議開催中に意図しない者の会議の参加を確認する業務を行う担当者を置いているか。

⑧ 個人データをクラウドで管理すべきか

前記のとおり、情報の法的性格からすれば、大切なデータは自社が所有するコンピュータリソースに保存するのが安全であり、外部の第三者に預けることは漏洩リスクを高めることは間違いがない。

他方で、クラウドサービスを利用せずに、自社のサーバ自体の安全管理を自社ないし外部委託で行うことで、利用者がまったく預かり知らないクラウド事業者の運用・管理における脆弱性の影

響やコンピュータリソースを共有する他の利用者による影響を回避することはできるが、他方で、コンピュータリソースを自ら保有することによる運用・管理のコストは、クラウドサービスを利用する場合よりは一般的には増大することになる。

したがって、クラウドサービスを利用して個人データを管理すべきか否かは、オンプレミスであれクラウドであれ、適正なセキュリティ・コストをかけて個人データを管理することを前提として、クラウドサービスを利用することによるコストメリットと、クラウド事業者に個人データを預けることに対するクラウド事業者への信用評価の比較の問題であると思われる。

ところで、クラウドサービスを利用して個人データを管理すべきか否かよりも前に、そもそも外部のインターネットからアクセスできる環境に個人データを保存することの是非について検討しておくことも忘れてはならない。事業者のクラウドサービス利用に対する問題意識の真意は、クラウドサービスを選択するかどうかの問題ではなく、外部のインターネットからアクセスできる環境に個人データを保存することで漏洩のリスクが高まるのではないかという点にあるように思われる。

もっとも、この問題は、クラウドサービスを選択したこと自体による固有のリスクではない。自社内に設置したサーバでも社外からアクセスできるように設定することは可能であり、またクラウドサービスでなくとも外部のレンタルサーバ（サーバの賃貸借）を利用すれば、社外のデータセンタに自社専用のサーバを設置して社外からアクセスすることもでき、それらの場合も同じリスクが生じうるからである。

このような外部環境での保存による漏洩等のリスクは、個人データの特定とそれを取り扱う業務フローにおける漏洩等のリス

ク評価の中で検討すべき問題である。個人データに外部からアクセスできるようにする手段として特定のクラウドサービスを利用する場合には、そのクラウドサービスにおける不正ログインへの対策やアクセス制限の機能といった情報セキュリティ対策の有効性等を評価した上で、アクセス権限を付与する従業者の範囲や利用できる権限を限定したり、当該クラウドサービスで管理を認める個人データの範囲を限定するなどの運用面における安全管理措置も講じることが必要と思われる。

　以上のように、個人データをクラウドで保管すべきかという問題は、あくまで個別のクラウド事業者に対する信用評価の問題に過ぎず、むしろその前提として、クラウドサービスを利用することによって結果として生じる、外部のインターネットから個人データへのアクセスを許容する場合の漏洩等のリスク評価と対応策の検討こそが重要であると思われる。

第17講
個人データの漏洩等のリスク評価と対策

① 重要なのは個人情報の漏洩ではない

　個人データの漏洩が経営に影響を及ぼすのは、個人情報保護委員会による勧告や命令がなされたり、報道等で取り上げられるような、社会に影響を及ぼすような大規模な個人データの漏洩事案である。また、中小規模の事業者にとっては、大手の取引先から預かっている個人データの漏洩に伴って取引先から取引停止や契約解除等の処置を受けるのは、大量の個人情報を含む取引先のデータベースを漏洩したような場合である。

　個人のプライバシーないし自己情報コントロール権を保護するという意味では、個人情報が本来的には保護すべき対象であるが、日本の個人情報保護法上は、実態としては上記のような大量の個人情報のデータベースの漏洩を防止できれば、経営に重大な影響を及ぼすようなリスクにはならない。

　そのような観点からは、事業者にとって最優先で対処すべき課題は、**大量の個人情報を取り扱うデータベースの漏洩をいかに防ぐかということであり、社内におけるそのようなデータベースを特定し、漏洩等のリスク評価を行うことから始めるべき**である。そして、漏洩等のリスク評価と対策を正しく行うためには、不正アクセス等によって狙われる個人データについてのトレンドや対策等についても情報収集しておくことも重要である。

②　個人データを狙った外部からの攻撃への対策

　個人データを狙った外部からの攻撃は、「**標的型メール攻撃**」（警察庁による定義としては、市販のウイルス対策ソフトでは検知できない不正プログラムを添付して、業務に関連した正当なものであるかのように装った電子メールを送信し、これを受信したコンピュータを不正プログラムに感染させるなどして、情報の窃取を図るもの）を通じて、外部からネットワークに侵入するための踏み台を作るというものが主流である。このような標的型メール攻撃による被害としては、前記のJTBにおける不正アクセス事案（**第15講**③参照）が存在しており、警察庁が公表している「令和2年上半期におけるサイバー空間を巡る脅威の情勢等について」の報告によれば、現在の攻撃の件数は継続的に横ばいの状況にあり、現在もその脅威は変わらない。

【標的型メール攻撃の件数の推移】

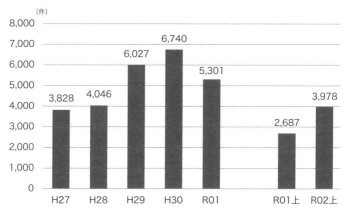

出典：警察庁「令和2年上半期におけるサイバー空間を巡る脅威の情勢等について」
（令和2年10月1日）

そして、このような標的型メール攻撃に関しては、前記の警察庁の報告書においても「一般に、標的型メール攻撃では、攻撃者がその時勢に応じメールの受信者がより開封しやすい文面を用いようとする傾向にあり、……標的型メール攻撃のような人間の心理的な隙をつく攻撃手法は、攻撃を完全に防ぐことは難しく、各セキュリティ事業者が公表する最新の攻撃動向（傾向や手口）の把握、職員のサイバーセキュリティ意識の向上等の地道な対策が引き続き求められる」と指摘されている。

　最近の情報セキュリティの考え方としては、**外部からネットワークに侵入されないように防止することはもはや不可能であり、むしろ外部から侵入されてからいかに早く検知して不正な通信を遮断できるか**という点に力点が置かれるようになっている。たとえば、従業者が数千人いるような事業者において全員が標的型メールを開封しないということは、どれだけ教育訓練したとしても、およそ不可能であるというのは容易に理解できるであろう。

　そのような意味では、従業者に対して、訓練用の標的型メールを送信して開封しないように訓練しても現実的には意味はなく、むしろ誤って開封した際に手順通りに所定の窓口に報告してくるように訓練すべきである。従業者に対する教育としても、標的型メールでマルウェアに感染したことやその後に踏み台を設置されてネットワークに侵入されたことを問題視し過ぎると、かえって従業者は誤って開封しても気づかなかったフリをして隠そうとし、かえって発覚が遅れるおそれがある。

　不正にネットワークに侵入されたとしても、攻撃者がターゲットとするような個人データ等に行き着くまでには、一般的には数日から十数日程度はかけてネットワーク内のデータの調査が行われることが多く、その間にネットワークに対する不審なアクセス

を検知して遮断できるようにすることが重要である。

そのためには、ネットワーク内に侵入されることを想定した上で、漏洩によって経営に重大な影響を与えるおそれのあるデータベースについては、攻撃者がネットワーク内から容易に発見できないようにネットワーク構成上の工夫を行ったり、従業者にマルウェアの感染の可能性を直ちに報告させる訓練を行ったり、ネットワークへの通信についても常時監視するツールを導入するといった、マルウェアへの感染後やネットワーク侵入後の対策が重要である。

③ 狙われるのはクレジットカード情報だけではない

個人情報のデータベースのうち、過去において最も狙われていたのは、クレジットカード情報であった。

しかしながら、クレジットカードの不正利用への対策として、クレジット取引セキュリティ対策協議会において「クレジットカード取引におけるセキュリティ対策の強化に向けた実行計画2018」が策定され、インターネット通信販売事業者（加盟店）のECサイトにおけるカード情報の非保持化の推進が行われている。

具体的には、購入者がECサイトでクレジットカード決済を選択した場合には、決済代行会社のサイトに転送されて、ECサイトを経由せずに決済代行会社のサイトを通じてクレジットカード情報の確認が行われるような仕組みに移行させることで、ECサイトからのクレジットカード情報の漏洩を防ぐものである。

それによって、クレジットカード情報を不正アクセスで取得することは難しくなったこともあり、最近は「**リスト型攻撃**」（警察庁の定義では、オンラインサービスで使用するアカウントやパス

ワードからなるリストを使って、さまざまなオンラインサービスにログインを試みる攻撃、リスト型アカウントハッキング攻撃ともいう。）が増えてきている。Amazonや楽天市場等のECショッピングモールや大手のオンラインショップサイトでは、事前に自己のアカウントに自身のクレジットカード情報を紐付けておき、商品購入時の決済の際には当該ECショッピングモール等のIDとパスワードのみで認証され、ショッピングの際にクレジットカード情報（クレジットカード番号、有効期限やセキュリティコード）の入力を不要とする仕組みを導入しているものが多い。

　これらのIDとパスワードが分かれば、不正にクレジットカードを利用することが可能になるところ、過去にはブルートフォース攻撃（IDとパスワードとして考えられるすべてのパターンを試す総当たりの攻撃、たとえば000、001、002……と順番に入力していく。）で解析する攻撃手法がとられていたが、現在の一般的なサイトでは、同じIPアドレスからの複数回のログイン試行に対しては接続を遮断したり、ログインできなくしたりするといった防御策が講じられているため、このような攻撃手法は通用しない。

　そこで、最近ではどこかのウェブサイトに不正アクセスしてIDとパスワードの組み合わせのリストを入手してきて、上記のようなクレジットカードの不正利用が可能なショッピングサイト等へのログインを試行する「リスト型攻撃」が増えてきている。攻撃者のリストの入手先は、ターゲットとするECショッピングモールやオンラインショッピングサイトではなく、まったくオンラインの決済に関係のない脆弱な会員サイト等に不正アクセスしてIDとパスワードのリストを入手してくるのである。

　このような他のサイトのIDとパスワードのリストがリスト型攻撃で有効なのは、利用者がIDとパスワードをさまざまなオン

ラインサービスを利用する際に使い回しているからである。すなわち、特定のメールアドレス等をIDとし、パスワードは忘れないようにいつも同じものを設定している利用者については、リスト型攻撃によって認証をくぐり抜けてECショッピングモールやオンラインショッピングサイトで商品の購入等を不正に行われてしまうことになるのである。ECショッピングモール等にとっては、利用者の正規のIDとパスワードでの認証を経てログインされているため、攻撃者が不正ログインを試行する都度IPアドレスを変えられると、もはや不正なログインとして検出することは困難である。

　上記のようなリスト型攻撃の被害としては、2018年に発生したドコモオンラインショップでiPhone Xが約1,000台不正に購入された事案や2019年に発生した7pay（セブンペイ）にて808人のアカウントで約3,860万円の不正チャージが行われた事案等が存在する。

　以上のように、オンラインで管理する会員等のIDとパスワード等の認証情報が狙われているため、クレジットカード情報を扱っているか否かにかかわらず、脆弱性対策を適時に行うことが求められる。

　また、自社のサイトで会員等のIDとパスワード等の漏洩事故が発生してしまった場合には、利用者がIDとパスワードを使い回していると経済的な損失を被るおそれがあるため、二次被害の防止等の観点からは、早期に会員等にその事実を通知することが求められる。

４　ECサイトへのフォームジャッキング

　前記のとおり、クレジットカードの不正利用への対策として、

インターネット通信販売事業者（加盟店）の EC サイトにおける
カード情報の非保持化の推進が行われている。

　もっとも、EC サイトに関しては、2019 年にショッピングサ
イトの構築パッケージである「EC－CUBE」の脆弱性等を悪用
したサイトの改ざんによる「EC フォームジャッキング」（EC サ
イトを改ざんして偽の決済代行会社のサイトを表示させて、利用者に
クレジットカード情報を入力させて不正入手する手法）が問題とな
り、経済産業省より注意喚起情報が発表された。発表内容によれ
ば、2019 年時点でインターネットショップが公表した漏洩事案
において、約 14 万件ものクレジットカード番号等が漏洩してい
ることが確認されたとのことであった。

　具体的な手法としては、利用者が、攻撃者によって改ざんされ
た EC サイトにおいて商品の購入手続を進めた場合、クレジット
カード決済画面に移行する際に、偽の決済代行会社の決済サイト
へ誘導される。利用者が、当該偽の決裁サイトにおいてクレジッ
トカード情報等を入力して決済を行うと、偽のエラーメッセージ
が表示され、その後正規の決済代行会社の決済サイトに戻され、
正規の EC サイトの決済手続に移行するというものである。

　これによって、利用者は、最終的には正規の決済代行会社の決
済サイトに移行し、希望の商品が購入できるため、偽の決裁サイ
トにおいてクレジットカード情報を不正取得されたことに気づか
ないのである。

　このような EC フォームジャッキングは、EC サイトの情報管
理の観点から非常に悩ましい問題を生じさせることになる。EC
サイト内に保存したクレジットカード情報が漏洩した場合には、
当然に EC サイトからの情報漏洩であるが、EC サイトは、上記
のようにカード情報の非保持化の要請によって、まったくクレ

ジットカード情報を保有しておらず、またクレジットカード情報を決済代行会社へ経由することすらしていない。

　にもかかわらず、EC フォームジャッキングによって、EC サイトが利用者のクレジットカードを不正取得されたことになるため、EC サイトとしては、保有もしていないクレジットカード情報に対しても安全管理の対象として考えなければならなくなるのである。そして、実際に上記の被害に遭った EC サイトは、自らの費用負担にてフォレンジック会社に依頼して、クレジットカード情報の漏洩の原因調査を実施し、EC フォームジャッキングが原因であることが判明した場合には、クレジットカード会社に対して、だまし取られたクレジットカード情報の不正利用による損害を賠償させられる結果となるのである。

　このように、EC サイトにおける情報管理に関しては、自社では取得していないクレジットカード情報も安全管理の対象として捉えなければならない時代になっており、常に新たな攻撃手法の情報収集等を行い、継続的に漏洩等のリスク評価の見直しを行うことが求められる。

⑤　個人データの持ち出しによる事業者の責任

　個人データの漏洩が経営に影響を及ぼすのは、前記のような不正アクセス等による第三者の攻撃による場合だけではない。内部者である従業者等による個人データの持ち出しによる情報漏洩も重大な影響を及ぼしうるため、それに対するリスク評価も重要となる。

　2014 年に発生したベネッセコーポレーションの顧客情報大量漏洩事案（**第 15 講**②参照）は、システム保守の再委託先の派遣社員が無断で会員情報を持ち出して名簿業者に売却したというも

のであった。

　前記の事案においては、ベネッセコーポレーションは、会員情報を持ち出した派遣社員との関係においては、被害者ではある（なお、データベース等不正提供罪は当該事案を受けて創設されたため、当時にはなかったが、不正競争防止法違反（営業秘密侵害罪）として刑事事件にはなっていた。）。

　しかしながら、個人情報保護法上は、個人データを漏洩された会員本人との関係において情報漏洩の加害者であり、法的にも委託先の監督が不十分であったという意味で、個人情報取扱事業者としての責任を問われる立場にあったということになる。

　実際に、経済産業省からも「今回の不正持ち出しの対象となったデータベースが、個人情報のダウンロードを監視する情報システムの対象として設定されていなかったところ、貴社は、同委託先に対して行う定期的な監査において、当該情報システムの対象範囲を監査の対象としていなかった等、委託先に対する必要かつ適切な監督を怠っていた。」と指摘され、再発防止策として、委託先も含めた個人情報の保護に関する実施体制の明確化、および情報システムのセキュリティ対策の具体化を行うように勧告を受けている。

　そして、ベネッセコーポレーションは、会員情報の大量漏洩の結果、会員へのお詫びとして3,504万件に500円の金券とお詫び文書の発送、会員からの問合せ対応（漏洩対象の会員以外の会員からの問い合わせも含む。）、個人情報漏洩に対する調査・セキュリティ対策などの費用として、合計260億円の損失を計上した。また、漏洩対象の会員により被害者の会が立ち上がり、9,500人から慰謝料として1人5.5万円で提訴され、複数の裁判所において訴訟対応を余儀なくされた。また、流出を防ぐ管理体制を構築

する職務上の義務の懈怠を理由に、ベネッセの役員6名に対し260億円を請求する株主代表訴訟も提起されるに至った。さらに、事業上の影響として、顧客減少に歯止めがかからず、3期連続の減収減益に陥り、社長が退任する事態に至った。

　このように、大規模な漏洩事案を1件引き起こすことで、事業者は多額の対応コストの負担と事業上の損失を被ることになるのであり、個人データの取扱いは経営に重大な影響を及ぼしうるリスクとして捉える必要がある。そして、これらの損失は、必ずしも法的な責任に基づくものに限らず、マスメディア・SNS等での非難によるビジネス機会の喪失、情報管理態勢に対する信用失墜による顧客離れ・取引減少、信用回復のための多額の再発防止のためのコスト負担といった事業上のリスクにほかならず、事業上の重要な経営課題として認識することが求められる。

　また、上記のベネッセコーポレーションの事案ほど大規模なものではなくとも、個人データの漏洩事案による損失に関しては、IBM Security（Ponemon Institute LLCの調査）による「Cost of a Data Breach Report 2020」のレポートによれば、日本における個人データの漏洩による対応コストは、1回当たり平均で419万ドルと算定されており、また、NPO日本ネットワークセキュリティ協会（JNSA）による「2018年情報セキュリティインシデントに関する調査報告書」によれば、1件当たり平均想定損害賠償額は6億3,767万円、1人当たり平均想定損害賠償額は2万9,768円と算定されている。このように、統計上も大規模な漏洩事案が発生した場合には、億単位の対応コストが発生することが想定されるところであり、ベネッセコーポレーションのような大企業ではなければ、上記のような漏洩リスクは関係がないと考えるのは危険である。

さらに、2020年度の改正個人情報保護法によって、データベース等不正提供罪に関する罰金について、法人に対しては罰金刑の最高額を1億円と行為者よりも大幅に引き上げられている。すなわち、個人情報取扱事業者の従業者またはこれらであった者が、その業務に関して取り扱った個人情報データベース等（その全部または一部を複製し、または加工したものを含む。）を自己もしくは第三者の不正な利益を図る目的で提供し、または盗用したときは、その個人情報取扱事業者が法人であれば、不正提供を行った行為者よりも重い、最大1億円の罰金が科されるということである。

このように、事業者は、個人情報データベース等を保有する以上は、自らの責任として従業者の故意による個人データの不正提供をも防ぐ体制を構築することが求められている。これまでのような**性善説に立った情報管理体制ではもはや不十分**ということであり、内部者が悪意をもってデータベースを盗もうとしてもできないような情報セキュリティ上の仕組みを講じることも必要となってくる。

⑥ 個人データの漏洩事案への具体的な対処

実際に個人データの漏洩事案が発生した場合の具体的な対処としては、「個人データの漏えい等の事案が発生した場合等の対応について」（平成29年個人情報保護委員会告示第1号）によれば、以下のような対応を講じることが望ましいとされている。

①事業者内部における報告及び被害の拡大防止
②事実関係の調査及び原因の究明
③影響範囲の特定

④再発防止策の検討及び実施
⑤個人情報保護委員会への報告
⑥影響を受ける可能性のある本人への連絡（事案に応じて）
⑦事実関係及び再発防止策等の公表（事案に応じて）

　①の事業者内部における報告と被害の拡大防止については、関係する従業者に対して、個人データの漏洩に対して適切な危機意識を持たせることが重要である（**第15講5**参照）。

　また、②事実関係の調査および原因究明や③影響範囲の特定については、比較的時間を要するところではあるが、原因が不明確な状態で公表すると顧客等からの問い合わせや個人情報保護委員会からの報告の徴収に対しても回答できなくなり、かえって混乱を招くことにはなるため、情報漏洩の原因と想定される漏洩件数・漏洩した情報項目については特定できる程度の調査は早期に完了しておくことは必要である。

　⑤個人情報保護委員会への報告や⑥影響を受ける可能性のある本人への連絡については、二次被害が想定されるようなクレジットカード情報や銀行口座の番号と暗証番号等の漏洩が判明した場合については、早期に本人に連絡し、個人情報保護員会にも報告することが求められるが、実務的にはクレジットカード会社等にも問い合わせが行くことになるため、関係する決済代行会社やクレジットカード会社等と協議しながら進めざるを得ないところである。

　④再発防止策の検討および実施については、事実関係の調査および原因の究明の過程において、合わせて検討することになり、実務的には調査委員会等の第三者に原因調査等を委託する場合には、再発防止策の提言も含めて委託することになる。

　これらの対応以外にも、個人データの漏洩の事実を公表する場

合には、漏洩の対象となった本人以外の顧客からも自己の情報は漏洩していないのかといった問い合わせが多数発生するのが通例であり、その規模が大きくなることが想定される場合には、通常業務に利用する一般回線で対応すると電話が鳴り止まずに、業務の継続自体が不能となってしまうため、自らコストをかけて、専用の電話番号を設けてコールセンター等で対応することも必要となる。

　また、事案によっては、報道機関からの取材の問い合わせやSNS等による第三者からの告発等への対応も求められる場合もある。事業者が情報漏洩の事実を公表する前に報道機関からの問い合わせを受けた場合やSNS等で告発されて炎上しているような場合には、情報漏洩の事実を隠蔽しようと疑われると、社会的な非難を受けるおそれが高いことから、事実公表を控えていた理由を速やかに説明することが求められる。

　そのために、原因調査の過程にある間は、上記のような外部要因による想定外の情報開示が必要となった場合に備えて、調査の現状を速やかに説明できるようにリアルタイムで状況を把握するなど、事業者側の都合のよいタイミングで開示できない場合のことも想定しておく必要がある。

⑦　サイバー保険への加入は必要か

　前記のような情報漏洩による損失に備えて、サイバー保険に加入すべきか否かを検討すべき場合もある。

　サイバー保険とは、いわゆるサイバー攻撃に備える保険であり、具体的には、①IT資産の稼働中断による損失、および営業継続に要する費用に対する補償、②情報漏洩等による危機対応費用に対する補償、③被害者への損害賠償責任に対する補償、④行政対

応の費用に対する補償等を中心とする保険である。

　一般社団法人日本損害保険協会によるアンケート調査結果をまとめた「中小企業の経営者のサイバーリスク意識調査2019」（2020年1月）によれば、サイバー保険を認知している中小企業であっても、加入率はわずか6.9%で、85.5%がこれまでにサイバー保険に加入したことがないと回答しており、大企業においても加入率は30.8%にとどまっており、58.5%が加入したことがないと回答しているとのことである。このように、日本においても、前記のように情報漏洩リスクは現実に顕在化しており、重要な経営課題になっているにもかかわらず、サイバー保険への加入が普及しているとは言いがたい現状にある。

　実際に、上記のアンケート結果においても、中小企業の経営者の約2割が何らかの被害に遭ったと回答しており、「不正送金を促すビジネスメール詐欺やフィッシングサイト」（47.1%）、「マルウェア」（34.8%）、「ランサムウェア」（25.8%）等が挙げられており、サイバー攻撃は実際に中小企業にも及んでいるところである。

　また、上記アンケート結果においては、被害に遭った後の自社内の影響として、中小企業の経営者の回答は「原因の調査・復旧対応にかかる費用の捻出」（48.5%）が最も多かったとされている。実際に、サイバー攻撃を受けた場合には、クレジットカード会社や取引先等の外部からの調査実施の要請を受けることが多く、また中小企業の場合でも原因調査等の委託費用としては数百万円以上になることが多いところであり、これらのコスト負担は避けることができないところである。このような実態を踏まえて、サイバー攻撃のリスクを認識し、サイバー保険への加入を含めて、具体的な対応策を講じるべき事業者としては、以下のような事業

者が想定される。

　まず、インターネットと接続された IT システムに主たる事業の継続が依存している事業者は、IT システムが外部からのサイバー攻撃等で停止した場合には、事業継続に障害が発生し、復旧費用や逸失利益が生じることになるため、具体的な検討が必要である。たとえば、EC サイトでの通信販売事業者やウェブサイトでの集客を行っている事業者が想定される。

　次に、要配慮個人情報（病歴等）、信用情報や未成年者の個人データを取り扱う事業者も、漏洩時には社会的な非難を浴びるおそれが高く、SNS やマスコミ対応を含めて多額の危機対応費用が生じることが見込まれる。たとえば、医療・ヘルスケア関連事業者、金融関連事業や教育関連事業者が想定される。

　さらに、EC サイト運営事業者等のオンラインでのクレジットカード情報の取扱件数が多い事業者も、クレジットカード情報の不正取得を狙ったサイバー攻撃の標的となるリスクが高く、多数の被害者の二次的被害（クレジットカード情報の不正利用）も含めた損害賠償責任を負うことが想定される。

　なお、クレジットカード情報を自社の EC サイトには保存しない場合であっても、前記の EC フォームジャッキングのように、そのサイトを利用して詐取されたクレジットカード情報の不正利用による責任を負わされる場合もあるため、注意が必要である。

　また、前記のリスト型攻撃のように、ID とパスワード等のリストを狙った攻撃も増えてきており、現状ではそのリスト型攻撃に用いられたリストがどこから漏洩したものであるかを特定することが困難であるため、具体的な二次被害に対する賠償責任の問題は生じていないが、今後そのような特定が可能になると、クレジットカード情報だけではなく、ID とパスワード等のリストを

ウェブサイトで保有する事業者も同様のリスクが生じることにな
る。

　サイバー保険もサイバー攻撃によるすべての被害を補償するわ
けではないため、保険商品の保障内容を確認し、自社の想定する
リスクに照らして検討することが重要である。

第18講
個人データの委託先に対する監督の実践方法

① 個人データの取扱いの委託と業務委託は意味が違う

個人情報取扱事業者は、個人データの取扱いの全部または一部を委託する場合は、その取扱いを委託された個人データの安全管理が図られるよう、委託を受けた者に対する必要かつ適切な監督を行わなければならないとされている（委託先の監督、法22条）。

「個人データの取扱いの委託」について、ガイドライン（通則編）では、「契約の形態・種類を問わず、個人情報取扱事業者が他の者に個人データの取扱いを行わせることをいう。具体的には、個人データの入力（本人からの取得を含む。）、編集、分析、出力等の処理を行うことを委託すること等が想定される。」とされている（44頁）。

たとえば、個人の居宅に荷物の配送を委託する場合には、配送事業者との間で運送契約（請負契約）を締結するが、その業務のために配送事業者に対し、配送先伝票に宛先情報としての個人データを記載して提供するという意味で、個人データの取扱いを委託しているということであり、業務委託契約でなければ個人データの委託が問題とならないわけではない。

また、委託先の監督として、ガイドライン（通則編）においては、具体的に、委託元は、①適切な委託先の選定、②委託契約の締結、③委託先における個人データの取扱状況の把握を実施しな

ければならないとされているが、この②委託契約の締結は、あくまで個人データの取扱いの委託に関する契約の締結を意味しており、委託した業務そのものに関する契約書を作らなければならないという意味ではない。

　一般的にも、本体の業務委託契約書とは分けて、「個人情報の取扱いに関する確認書」や「個人情報保護に関する覚書」等の名称で、別途締結されることが多いと思われる（その内容については**後記⑥**を参照）。

②　委託に伴う提供には本人の同意がいらない理由

　個人情報取扱事業者は、原則として、あらかじめ本人の同意を得ないで、個人データを第三者に提供してはならない（第三者提供の制限、法23条1項）が、個人情報取扱事業者が利用目的の達成に必要な範囲内において個人データの取扱いの全部または一部を委託することに伴って当該個人データが提供される場合については、この「第三者」には該当しないとされており（法23条5項1号）、本人の同意なく提供することができる。

　このような「委託」による提供は、法令に基づく提供等のように、第三者提供の制限の例外（法23条1項各号）という位置づけではなく、そもそも委託先は「第三者」ではないと整理されている。

　その意図は、文字通りであるが、委託元にとって委託先は第三者ではなく、自己の従業者と同様に、個人データの取扱いのために自己の手足として利用しているに過ぎないため、委託先を独立した主体とは考えないということである。それゆえに、委託元は、従業者と同様に、自己の手足として委託先を監督する義務（法22条）を負っているのである。

なお、ガイドライン（通則編）においても「個人データの提供先は個人情報取扱事業者とは別の主体として形式的には第三者に該当するものの、本人との関係において提供主体である個人情報取扱事業者と一体のものとして取り扱うことに合理性があるため、第三者に該当しないものとする。」とされている（52頁）。

ここで重要なのは、個人データを委託先が漏洩させてしまった場合には、個人情報保護法上は、委託先は「第三者」ではないため、漏洩された被害者である本人との関係においては、原則として委託元自身が漏洩させたと評価されるということである。

③ 委託先による独自目的での個人データ利用

ガイドライン（通則編）では、「当該提供先は、委託された業務の範囲内でのみ、本人との関係において提供主体である個人情報取扱事業者と一体のものとして取り扱われることに合理性があるため、委託された業務以外に当該個人データを取り扱うことはできない。」とされている（52頁）。

したがって、委託先に委託業務の履行のために個人データが提供された場合に、委託先が委託業務の履行の範囲を超えて、委託先独自の目的で利用することは、上記の「委託」の枠外になるため、第三者提供の制限の対象となり、本人の同意が必要となる。

たとえば、A社が健康経営のために、ウェアラブル端末を通じて自社の従業者の健康情報を収集してB社に委託して分析してもらい、問題のある従業者を報告してもらうサービスを利用する場合（A社がB社に従業者氏名とウェアラブル端末ID等を紐付けてB社のシステムに登録することでB社に提供することが前提とする。）において、B社のサービス利用規約において、B社が利用企業の従業者から収集した個人のバイタルデータをB社の新商

品・サービスの開発、サービス改善のために利用するというB社独自の利用目的が設定されていれば、「委託」の枠を超えるため、A社はB社へ分析を委託の際に従業者から第三者提供の同意を個別に得なければならないことになる。

　委託先との間で個人データを直接やりとりするような、宅配業務の委託やデータ入力業務の委託等においては、委託先の選定の過程において委託先における個人データの取扱いを確認されることになるが、上記のような委託先に個人データを提供しているという意識が希薄になりがちなオンラインサービス等の利用においては、そのような確認が必要という意識すらされていない事業者も多いように思われる。

　また、利用規約において、委託に基づいて提供された個人データを、委託先が「特定の個人が識別できない形式に加工した上で」、委託先の独自の利用目的で利用するといった条項を定めている場合があるが、委託先が氏名等の識別情報を削除するものの、「個人に関する情報」の形式（個人との対応関係は維持）で独自利用するのであれば、それは匿名加工情報と整理されることになる（第8講③参照）。

　そして、その場合でも個人データの取得主体はあくまで委託元になるため、独自利用を行う委託先ではなく、委託元において匿名加工情報の作成の公表等を行わなければならなくなるため、注意が必要である。

　なお、委託先の都合による独自利用であるにもかかわらず、委託元に本人からの同意の取得あるいは匿名加工情報の作成に係る義務が課され、その義務の違反の責任は委託元に生じるという点は実務的には不合理なようにも感じられるが、あくまで委託元は個人データの取得主体であり、本人に対して責任を負う立場にあ

る以上、やむを得ない。

④　委託先による個人データの漏洩等に対する責任

　委託先が不適切な管理を行った場合の責任について、委託元の立場からすれば、自社から独立した委託先の業務に関しては直接関与できないため、自社の責任ではないという感覚になるのも理解はできるところである。

　しかしながら、不適切な管理をされた本人の立場からすれば、委託元を信用して自己の個人情報を提供したのに、不適切な管理をされていたことの責任は、本人自身ではなく、そのような不適切な委託先を選定した委託元が負うべきであると考えるのが当然のことである。

　そのような観点から、**委託元は委託先を監督する責任を負っているのであり、委託先において個人データの漏洩事案が発生した場合における個人情報保護法上の責任や本人に対する民事上の責任は、いずれも委託元が負う**ことになる。あくまで委託元から委託先に対する民事上の責任に関する求償関係といった、委託元と委託先との関係のみにおいて委託先の責任が問題となるに過ぎないのである。

　なお、民事上の責任についても、委託先との契約において損害賠償責任の制限条項が定められている場合には、たとえ委託先での漏洩事故であったとしても、委託先に故意または重過失がない限りは、最終的に委託元が自己の責任において負担することになるため、注意が必要である。

　なお、ガイドラインに関する Q&A の Q12-9 においても、「委託先において漏えい等事案が発生した場合であっても、委託元が漏えい等事案に係る個人データ又は加工方法等情報について最終

的な責任を有することに変わりありませんので、原則として、委託元が個人情報保護委員会等へ報告するよう努めていただきます。」とされており、委託元が第一次的な責任主体であると整理されている。

⑤　個人データの委託先の選定基準

ガイドライン（通則編）によれば、委託先の選定に当たっては、委託先の安全管理措置が、少なくとも法20条および本ガイドラインで委託元に求められるものと同等であることを確認するため、ガイドラインで定める安全管理措置の各項目が、委託する業務内容に沿って、確実に実施されることについて、あらかじめ確認しなければならないとされている（安全管理措置の具体的な項目は（**第13講**⑤参照））。

もっとも、安全管理措置の各項目に関して、どのような管理手法を講じるのかは委託先の判断であるため、委託元から委託するに当たって個人データの管理体制に関する任意の改善を要請することはできるであろうが、強制できるものではない。委託先も改善の要請に応じるために対応コストが生じ、委託料の引き上げにもつながることから、委託元としては、委託先における管理水準と委託費とのバランスでその委託先が適切であるかを判断することになる。

なお、委託元と同等の管理手法を講じているのであれば問題がないであろうが、委託先が小規模の事業者であれば必ずしも委託元と同等の管理手法を講じることができるわけでもない。このような場合に関して、ガイドライン（通則編）では、「委託元が法第20条が求める水準を超える高い水準の安全管理措置を講じている場合に、委託先に対してもこれと同等の措置を求める趣旨

ではなく、法律上は、委託先は、法第20条が求める水準の安全管理措置を講じれば足りると解される。」とされており（44頁）、必ずしも委託元と同様の管理手法を講じていない場合には不適切な委託先となるわけではない。

　ただ、「法第20条が求める水準」というものが客観的に存在するかというと、ガイドライン（通則編）においては「当該措置は、個人データが漏えい等をした場合に本人が被る権利利益の侵害の大きさを考慮し、事業の規模及び性質、個人データの取扱状況（取り扱う個人データの性質及び量を含む。）、個人データを記録した媒体の性質等に起因するリスクに応じて、必要かつ適切な内容としなければならない。」とされているだけであり（41頁）、結局のところ、委託元において、委託先における個人データの取扱状況等を前提として、漏洩等のリスクをどのように評価するのかに尽きるということになる。

　そして、リスク評価の結果として、委託元としては、委託元と同様の管理手法で対応できなければならないと評価する場合には、それに対応できない委託先は不適切という結論になる。上記のガイドライン（通則編）は、高い管理水準を設定している委託元の事業者にとっては、その水準で管理できる委託先が見つからないとか、管理水準を合わせてもらうと委託料が高額になり過ぎるため、適正な委託ができないといった意見に配慮した見解であろうが、委託元としては、自らの手足として委託先を監督する義務がある以上、漏洩等のリスク評価の観点からは、委託元と同等の管理水準での管理を委託先に要請する方がむしろ自然であるとは思われる。

　なお、委託元においては、以下のような個人データの取扱状況に関する主な確認事項を自らおよび委託先に確認した上で、個人

データの漏洩等の可能性の高さやそれによって本人が被る権利利益の侵害の大きさを考慮し、委託先が予定する管理水準が合理的であるかを評価することになる。

確認事項	具体例
個人データの性質	・顧客情報、見込顧客情報、外部委託先情報、従業員情報、採用候補者情報、株主情報等 ・クレジットカード情報、金融機関口座情報、氏名、顔写真、生年月日・年齢、住所、電話番号、メールアドレス、個人番号、運転免許証番号、パスポート番号その他の公的番号、生体認証情報
個人データの量	・委託に係る個人情報データベース等の全件数／毎月の授受想定件数×委託期間／1回の授受想定件数×期間内の想定授受回数
個人データの授受の方法と頻度	・USBメモリ等の手渡し、USBメモリ等の郵送、電子メールでの送信、サーバへのアップロードとダウンロード等 ・毎月1回、毎週1回等
個人データの保管方法	・データセンターにて保管、クラウドのストレージにて保管、キャビネットで施錠保管、警備付倉庫にて紙媒体で保管、物流センターに紙媒体で一時保管等
個人データを記録した媒体の性質	・紙媒体、電子媒体（社内サーバ、クラウドのストレージ、HDD、USB・DVD－ROM）等

⑥ 委託先との個人情報の取扱いに関する確認書

「個人情報の取扱いに関する確認書」については、ガイドライン（通則編）においては、当該個人データの取扱いに関する、必要かつ適切な安全管理措置として、委託元、委託先双方が同意した内容とともに、委託先における委託された個人データの取扱状況を委託元が合理的に把握することを盛り込むことが望ましいとされる。

なお、具体的な確認書に盛り込むべき条項については、2015年度の改正個人情報保護法が成立する前に標準ガイドラインとして取り扱われていた経済産業分野を対象とするガイドラインにおいては、以下のような個人データの取扱いを委託する場合に契約に盛り込むことが望まれる事項が定められており、実務では過去にこれらの条項を盛り込んだひな形が作成されていたところである。

【個人データの取扱いを委託する場合に契約に盛り込むことが望まれる事項】
① 委託元及び委託先の責任の明確化
② 個人データの安全管理に関する事項
③ 個人データの漏えい防止、盗用禁止に関する事項
④ 委託契約範囲外の加工、利用の禁止
⑤ 委託契約範囲外の複写、複製の禁止
⑥ 委託契約期間
⑦ 委託契約終了後の個人データの返還・消去・廃棄に関する事項
⑧ 再委託に関する事項
⑨ 個人データの取扱状況に関する委託元への報告の内容及び頻度
⑩ 契約内容が遵守されていることの確認
⑪ 契約内容が遵守されなかった場合の措置

⑫ セキュリティ事件・事故が発生した場合の報告・連絡に関する事項

　現行の個人情報保護委員会によるガイドライン（通則編）では、上記のとおり、委託先が講じる安全管理措置の内容と委託元の委託に係る個人データの取扱状況の把握を定めれば足り、それ以外の事項は確認書において必須で定めるべきものではないという理解であると思われるが、実務においては、法改正を受けて多少修正しながらも、現在も従前のひな形を利用している事業者が多いように思われる。

　なお、実務においては、確認書の中に、「委託先は、本件業務の遂行にあたり、個人データ等の漏洩、減失または毀損の防止のために合理的と認められる範囲内で、組織的、人的、物理的および技術的な安全管理のために必要かつ適切な措置を講じなければならない。」とだけ定めていて、その具体的な内容である委託先が講じる義務を負う物理的・技術的安全管理措置の内容（具体例としては（**第13講⑤参照**））が記載されていないものが見受けられるが、これでは委託先の監督として不十分と評価されることになるため、注意が必要である。

　⑦　再委託を認める場合の留意点

　委託先による個人データの取扱いの再委託を認める場合に、委託先との確認書において、「委託先は、再委託先に本確認書に基づく一切の義務を遵守させるとともに、委託元に対して、再委託先のすべての行為およびその結果について責任を負うものとする。」といった条項を置くことが多いと思われる。再委託先において個人データの漏洩事故が発生した場合に、民事上の責任の求

償関係においては、上記の条項は有効であり、委託元は委託先に再委託先の行為によって生じた個人データの漏洩による損害を賠償請求できると思われる。

しかしながら、個人情報保護法上の責任については、ガイドライン（通則編）において、「委託元が委託先について『必要かつ適切な監督』を行っていない場合で、委託先が再委託をした際に、再委託先が不適切な取扱いを行ったときは、元の委託元による法違反と判断され得るので、再委託をする場合は注意を要する。」とされており（44頁）、委託元は再委託先の行為について、委託元として個人情報保護法上の責任を問われるおそれは残るという点には注意が必要である。

また、委託先が再委託を行おうとする場合は、委託元は、委託先が再委託する相手方等について委託先から事前報告を受けまたは承諾を行うことが望ましいとされ、再委託先が再々委託を行う場合以降も、再委託を行う場合と同様であるとされている（43頁）。委託元は、本人との関係では個人データの取得主体として、どこまで再委託が続こうとも個人情報保護法上の責任を問われる立場からは逃れられないことを理解して、責任をもって監督できる範囲内でのみ再委託を認めることが重要である。

なお、委託先との確認書においては、きちんと再委託先を把握できるように、原則として再委託は禁止する旨の条項を置くとともに、たとえば、「委託先は、本件業務を再委託する必要がある場合は、再委託先の名称、再委託する理由、再委託して処理する内容、再委託先において取り扱う情報、再委託先における安全性および信頼性を確保する対策ならびに再委託先に対する管理および監督の方法を明確にした上で、本件業務の着手前に書面により再委託する旨を委託元に申請し、その承認を得なければならな

い。」といった条項を置いておくことが望ましい。

⑧　委託先に対する取扱状況の監督の実務

　ガイドライン（通則編）においては、委託先における委託された個人データの取扱状況を把握するためには、定期的に監査を行う等により、委託契約で盛り込んだ内容の実施の程度を調査した上で、委託の内容等の見直しを検討することを含め、適切に評価することが望ましいとされ、具体的には、必要に応じて個人データを取り扱う場所に赴くまたはこれに代わる合理的な方法（口頭による確認を含む。）により確認することが考えられるとされている（44頁）。

　実務においては、半年や1年に1回、契約更新の時期等のタイミングで、定期的に委託先に対してチェックリストを提出させたり、委託元の担当者が直接委託先の作業場所に赴いて、自らチェックリストの実施状況をヒアリングないし目視で確認したりする方法が利用されている。

　チェックリストについては、委託先との確認書において合意した安全管理措置を委託先が実施しているかの確認であるため、当然にその内容は一律ではないが、委託先が確認書で要求している具体的な管理手法に関して、委託先がそれらを実施しているかを「○」か「×」で回答させ、「×」になっているものは、その詳細を確認して委託先に対して改善要求を行うという手順になる。

　その場合に、委託先において実態はできていないのに、単純に全部「○」と回答してくる委託先も存在するところ、それを黙認して放置しているとかえって杜撰な管理を容認してしまい、漏洩事故を生じさせるリスクが高まるため、数回に1回は、作業場所に赴いて現地で確認するとか、○×形式ではなく委託先に対して

具体的な実施内容を記載させる形式のチェックリストで照会する場合もある。

　委託元は、本人との関係では、個人データの取得主体として個人情報保護法上の責任を逃れられない立場にあり、あくまで自社のリスクとしての情報漏洩を防止するための取り組みとして、委託先の取扱状況の把握していることを理解しなければならない。それゆえに、委託先任せで儀式的に委託先から管理体制に問題がないというチェックリストの回答さえもらっておけば良いという捉え方ではなく、委託先に個人データを取り扱っていることに対する責任感を持たせるための機会と捉えて、委託先にプレッシャーをかけるための工夫を考えることが重要である。

これからの個人データの収集の在り方

① データ取引市場とは

　データ取引市場とは、データ保有者とデータの活用を希望する者を仲介し、売買等による取引を可能とする仕組みであり、これを運営する主体として、データ取引市場運営事業者が存在する。

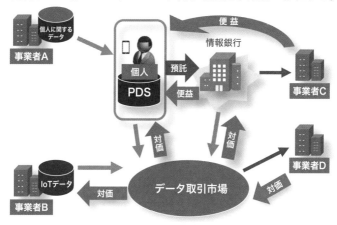

出典：内閣官房 IT 総合戦略室「AI、IoT 時代におけるデータ活用ワーキンググループ
中間とりまとめの概要」（平成 29 年 3 月）

　データ取引市場運営事業者は、データ提供者とデータ提供先を仲介し、データと対価の交換・決済の機能を提供する者とされて

おり、自らはデータの収集・保持・加工・販売を行わない。この点が後記の情報銀行とは役割において異なるところである。

データ取引市場とはいうものの、証券取引所のようなリアルな市場が存在するわけではなく、前頁の概念図にあるように、個人のスマートフォンのアプリやウェブサイト等を通じて、データ取引市場運営事業者の関与の下で、事業者と個人データをやりとりすることが想定されている。

このような仕組みが普及することによって、本人の意思に基づいて、個人データの需要者である事業者に提供され、個人データの流通が促進されることが期待されるところである。

② 情報銀行とは

「情報銀行」は、実効的な本人関与（コントローラビリティ）を高めて、パーソナルデータの流通・活用を促進するという目的の下、本人が同意した一定の範囲において、本人が、信頼できる主体に個人情報の第三者提供を委任するという仕組みである。

具体的には、情報銀行が個人からの委任を受けて当該個人に関する個人情報を含むデータを管理するとともに、当該データを第三者（データを利用したい事業者）に提供し、個人はそれによって直接的または間接的な便益を受け取ることになる。なお、本人の委任としては、情報銀行から提案された第三者提供の可否を個別に判断するか、情報銀行から事前に示された第三者提供の条件を個別に／包括的に選択する、方法が想定されている。

一般人にとって、データ取引市場に個人データを提供することは面倒であり、不利益を受けるのではないかという漠然とした不安もあるため、かなりの便益を提供しない限りは、個人データをデータ取引市場に流通させることは難しい。個人が自己の個人

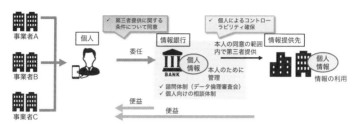

出典：情報信託機能の認定スキームの在り方に関する検討会
「情報信託機能の認定に係る指針 ver2.0」（令和元年 10 月）

データを預けて一定の運用ルールに基づいて個人データの提供を第三者に委託できるようにするための受け皿が情報銀行である。

　もっとも、情報銀行が適切な個人データの取扱いを行ってくれるのかという点に不安であれば、個人は自己の個人データを提供しようとはしないことから、情報銀行に対する信用を確保するための手段として、総務省と経済産業省が「情報信託機能の認定スキームの在り方に関する検討会」において、「情報銀行」に対する民間の団体等による任意の認定の仕組みを有効に機能させるための指針を策定している。

　この認定制度を運用しているのが、一般社団法人日本 IT 団体連盟情報銀行推進委員会であり、実際に稼働するサービスに対して認定がなされる「通常認定」を受けた情報銀行として、株式会社 DataSign の paspit サービスがある。このサービスでは、個人からパーソナルデータを預かって保管し、データ活用企業からのデータ提供のオファーを案内し、ユーザである個人が提供を承諾すると提供されて、データ活用企業は分析に利用して、当該サービスを通じて、データ活用企業からユーザに直接サービスや便益が提供されるというものである。

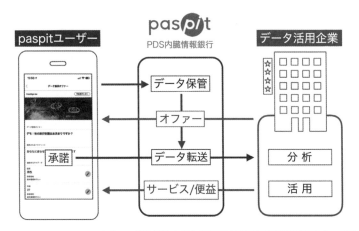

出典：一般社団法人日本 IT 団体連盟情報銀行推進委員会の HP

　このように、情報銀行はすでにサービスとして実在していると
ころであり、特にオンラインの世界では個人のスマートフォンの
アプリやウェブサイト等を通じて、位置情報その他の個人の行動
履歴データが本人の明確な認識のないまま流通している実態が問
題視されつつある現状において、情報銀行は本人が自らコント
ロールできる形で個人データの提供が適正になされるインフラと
して、今後、個人データの市場への流通の中心となっていくこと
が期待されるところである。

③ デジタル開示制度（改正法）

　前記のように、データ取引市場や情報銀行が普及する前提とし
て、個人が自己の個人データを自らの意思でデータ取引市場や情
報銀行に提供できることが必要となる。

　しかしながら、現状においては、いわゆるプラットフォーマー
が個人に関するデータを囲い込んでいるため（**第1講**⑥参照）、本

人ですら自由に自己の個人データを提供できないという問題が生じている。本人の意思に基づいて個人データを市場に流通させることができるようにするためには、本人が自己の個人データをプラットフォーマーから他の事業者への移行可能なデータ形式で提供を求めることができるようにする必要がある。

そこで、2020年度の個人情報保護法の改正によって、保有個人データの開示請求に関して、本人から「保有個人データの電磁的記録の提供による方法」での開示を請求することができるようになった（新法28条）。

これによって、プラットフォーマーに囲い込まれている自己に関するデータを本人が自由に利活用することができ、データ取引市場においても本人の判断に基づいて個人データが適切に流通する土台が形成されることになる。

また、6ヶ月以内に消去することとなるデータ（短期保存データ）については、従前は、本人からの開示等の請求への対応に関する事業者の負担軽減の観点から、「保有個人データ」から除外されており（法2条7項）、本人からの開示等の請求の対象外とされていたが、上記の改正によって「保有個人データ」の対象に含まれることになった。

これによって、本人が請求すれば、短期保存データも含めてデータの形式で開示を受けて、自らの判断で自己の個人データをデータ取引市場に流通させることができるようになる。

④ プラットフォーマーに対する規制

個人データの流通を促進するためには、前記のように、プラットフォーマーが消費者から個人データを収集して囲い込んでいる現状に対しても規制が必要である。

公正取引委員会から、2019年12月に「デジタル・プラット
フォーム事業者と個人情報等を提供する消費者との取引における
優越的地位の濫用に関する独占禁止法上の考え方」が公表された。
独占禁止法2条9項5号において、自己の取引上の地位が相手
方に優越していることを利用して、正常な商慣習に照らして不当
に継続して「取引する相手方」や「取引の相手方」に対して不利
益を与える行為は、優越的地位の濫用として規制されているとこ
ろ、この「取引の相手方（取引する相手方）」には消費者も含まれ、
消費者が、デジタル・プラットフォーム事業者が提供するサービ
スを利用する際に、その対価として自己の個人情報等を提供して
いると認められる場合は、消費者はデジタル・プラットフォーム
事業者の「取引の相手方（取引する相手方）」に該当するとの解釈
が示された。また、ここでいう「個人情報等」は、個人情報以外
の個人に関する情報も含むという趣旨であり、たとえば、ウェブ
サイトの閲覧情報、携帯端末の位置情報等についても、氏名等の
識別情報を含んでいなくても、Cookieやユーザ ID 等を用いて
個人との対応関係を維持していれば対象となるとされている。

　その上で、以下のようなデジタル・プラットフォーム事業者の
行為については、優越的地位の濫用として問題になりうるとされ
ている。

① 個人情報等の不当な取得
　・利用目的を消費者に知らせずに個人情報を取得すること。
　・利用目的の達成に必要な範囲を超えて、消費者の意に反して個
　　人情報を取得すること。
　・個人データの安全管理のために必要かつ適切な措置を講じずに、
　　個人情報を取得すること。
　・自己の提供するサービスを継続して利用する消費者に対して、

消費者がサービスを利用するための対価として提供している個人情報等とは別に、個人情報等その他の経済上の利益を提供させること。
② 個人情報等の不当な利用
　・利用目的の達成に必要な範囲を超えて、消費者の意に反して個人情報を利用すること。
　・個人データの安全管理のために必要かつ適切な措置を講じずに、個人情報を利用すること。

　このように、プラットフォーマーに対しては、個人データを本人の意図に反して取り扱うことに対して、競争法の観点から厳しい規制がなされており、個人データの囲い込みに対する規制は強化されている。

　さらに、2020年2月に、「特定デジタルプラットフォームの透明性及び公正性の向上に関する法律」が成立している。この法律は、デジタル・プラットフォームが利用事業者との取引において、規約の一方的変更・取引拒絶や利用事業者からの合理的な要請に十分に対応しない実態があり、利用事業者の利益の保護を図ることが課題となっていることに対処するものである。

　なお、デジタル・プラットフォームとは、デジタル技術を用い、商品等提供利用者と一般利用者とをつなぐ場（多面市場）を、インターネットを通じ提供しており、「ネットワーク効果」（商品等提供利用者・一般利用者の増加が互いの便益を増進させ、双方の数がさらに増加する関係等）を利用したサービスとされている。たとえば、楽天市場、Yahoo！ショッピングやAmazon等の大規模なオンラインショッピングモール、AppleのAppStore、Google Play StoreやMicrosoft Store等のアプリストア等が想定されている。

4 プラットフォーマーに対する規制

この「ネットワーク効果」とは、たとえば、インターネットで買い物をしようとするユーザは、数多くの出店者の価格を比較して選びたいので、より多くの出店者の商品を取り扱っているショッピングモールを利用しようと考えてユーザ登録するが、インターネットショップの出店を考える事業者も、より多くのユーザがいるショッピングモールに出店しようと考えるということである。このようにして、ショッピングモールのサービスは、大規模なユーザと出店店舗数を保有するショッピングモールに寡占化されていき、そこでの取引履歴に関する個人データも特定のショッピングモールが集約して独占できる構図になるのである。

このように、インターネット通販事業を行う店舗はいずれかの大手ショッピングモール（デジタル・プラットフォーム）に出店しなければ、実質的に顧客にアクセスしてもらうこと自体が困難である。それゆえに、デジタル・プラットフォームは、利用事業者に対して優位な立場にあり、利用事業者に対する契約条件やルールの一方的な押し付け、過剰なコスト負担、顧客等のデータに対するアクセスの過度な制限等を行うといった問題が生じやすい状況にある。

そのような取引実態を踏まえて、デジタル・プラットフォームの中でも特に取引の透明性・公正性を高める必要性の高いものを「特定デジタルプラットフォーム」として指定し、利用事業者に対する契約条件の開示や変更時の事前通知等を義務づけ、自主的に取引の公正さを確保するための手続・体制の整備を行わせ、それらの運営状況と自己評価を付したレポートを経済産業大臣に毎年度提出させるといった規制が設けられたのである。

ネットワーク効果によって特定のプラットフォーマーに利用者が寡占化していく市場構造は、そこで行われる取引情報等の行動

履歴データを含む個人データの偏在にもつながっており、個人データのビジネス利用の前提としてデータ流通を促進させるためには、やはりプラットフォーマーによる囲い込みからデータが解放させることが重要である。

　プラットフォーマーにおいては、前記の 2020 年度の改正個人情報保護法によるデジタル開示制度を踏まえて、本人がデータの形式で開示請求がしやすい仕組みを導入するといった自主的な取り組みが期待されるところである。そのような意味において、デジタル開示制度と特定デジタルプラットフォームの透明性および公正性の向上の両施策は、一体として個人データの流通を促進するために機能しうるものであるといえる。

⑤　仮名加工情報の意義

　前記の改正個人情報保護法によるデジタル開示制度の導入によって、事業者が個人に関する情報をビッグデータとして特定の個人を識別できない形式で利用している場合でも、以下のように保有個人データとしてデジタル開示等に対応しなければならなくなる場合が生じうる。

　実務において個人に関する情報をビッグデータとして利用する場合には、わざわざ「匿名加工情報」に加工するのではなく、取得の段階で「特定の個人を識別できない形式に加工した上で、市場や利用動向の分析のために」利用する旨を利用規約に定めて、「個人データ」のまま利用していることが多い。このような場合に、ビッグデータとしてのデータ分析の際には氏名等を削除して利用していないとしても、ID 等で顧客マスタ等に照合できる場合には、ビッグデータとして利用する部分も容易照合性によって「個人情報」として取得したことになりうる。

たとえば、会員規約で同意を得た上で、会員の購入履歴の
POS データから会員の氏名等を削除した分析用データベースを
作成し、過去から長期間にわたって集約して商品の販売動向の分
析に利用している場合に、会員の氏名等を含んだ元の POS デー
タ自体は一定期間で消去されている場合でも、分析用データベー
ス内の購入履歴情報について、会員 ID が含まれている場合や会
員 ID と分析データベース内の変換 ID との対応表等がある場合
等で顧客マスタ等に容易照合である場合には、分析用データベー
スも「保有個人データ」となりうる。その場合には、開示請求を
してきた会員を分析用データベースにおいても再識別して、分析
用データベース内のデータも開示しなければならなくなるが、そ
れは事業者にとっては過度な負担となる。

　そこで、事業者がビッグデータとして分析に用いるデータにつ
いては、氏名等の識別情報や個人識別符号を分析用のデータベー
スに取り込まず、顧客マスタ等に照合しない限りは特定の個人を
識別できないようにした場合には、「仮名加工情報」として開示
等の義務を免れることができるようにしたのである。

　仮名加工情報は、匿名加工情報のように再識別化ができないよ
うな厳格な加工基準に従うことは求められておらず、氏名等の識
別情報や個人識別符号を削除して、他の情報に照合しない限りは
特定の個人を識別できないように加工すれば足りるため、ビッグ
データとして個人に関するデータを取り扱う場合には容易に使え
る制度である。

⑥　個人データの情報流通がビジネスに与える影響

　データ取引市場、情報銀行、デジタル開示制度およびプラット
フォーマーに対する規制といった、個人データの流通を促進する

第19講　これからの個人データの収集の在り方

ために必要な施策が整ってきており、個人データのビジネス利用の前提となる環境は整いつつあると思われる。

　他方で、それによって個人データ（氏名等は含まない個人に関する情報も含む）は、明確に何らかの対価を支払わなければ収集できない「商品」として位置づけられることになり、名簿業者が売買する名簿データベースのように有償で取引がなされるようになってくると思われる。

　また、個人の行動履歴データは、それを分析することで従前は得られなかった利用実態を把握することができ、商品やサービスの企画・開発のために利用したり、個人の感情や状態を分析して当該個人ごとにカスタマイズされたサービスを提供する等、あらゆる業界のビジネスにおいて重要な情報になってくることが想定される。

　企業にとっては事業の差別化のためには、自社独自の個人に関する情報を大量に収集しなければならなくなり、そのためには独自のデータ収集手段を構築することが必要になる。具体的には、業界を問わずスマートフォン向けのアプリやIoT機器と連動したオンラインサービス等を用いて個人に対してサービス提供することに取り組まざるを得なくなる。そして、個人データの取扱いに対する社会からの信頼を獲得することは重要な経営課題になるところであり、逆にその信頼を失うと個人データを提供してもらえなくなり、ビジネス上の優位性を失うことになるのである。

　そのような観点からは、プライバシー問題を「コンプライアンスコスト」として捉えて、その対応を合理化しようとする姿勢は適切ではない。むしろ企業価値の向上に向け、プライバシー問題の適切なリスク管理と信頼の確保のために経営者が積極的にプライバシー問題への取組にコミットし、組織全体でプライバシー問

個人データの情報流通がビジネスに与える影響

題に取り組むための体制を構築するという「プライバシーガバナンス」の視点（**第8講**⑧参照）が重要になってくると思われる。

第20講
第4次産業革命によってもたらされる課題

① 第4次産業革命とは

　総務省が策定する「平成29年版 情報通信白書」においては、「スマートフォンをはじめとする多様なツールでさまざまなデータを収集し、そのデータを蓄積（ビッグデータ化）し、これらのデータについて人工知能（AI）等も活用しながら処理・分析を行うことで、現状把握や、将来予測、ひいてはさまざまな価値創出や課題解決を行うことが可能となる。そして、その次のフェーズでは、人が通信の主役ではなくなり、機械間通信（M2M）が中心となる。そこではさまざまな用途に応用しうる基幹的な汎用技術（GPT : General Purpose Technology）であるICTの役割が一層重要になるだろう。」と指摘されており、これら一連の変化が第4次産業革命であるとされている。

　また、経済産業省の産業構造審議会の資料「新産業構造部会の検討の背景とミッション」においては、第4次産業革命の実態について、「あらゆるモノや情報がインターネットを通じて繋がり、それらが互いにリアルタイムで情報をやりとりしつつ（相互協調）、人の指示を逐一受けずに判断・機能し（自律化）、システム全体の効率性を高めるとともに新たな製品・サービスを創出する（高度化）」と説明されている。

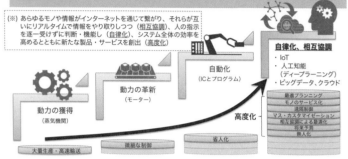

●我が国経済社会は、様々な構造的・社会的課題に直面している。
●こうした中、IoT、ビッグデータ、人工知能をはじめとした新たな技術^(※)により、グローバルに「第4次産業革命」とも呼ぶべきインパクトが見込まれる。
●この結果として、産業構造、就業構造及び経済社会システム自体の変革がもたらされる可能性。

(※) あらゆるモノや情報がインターネットを通じて繋がり、それらが互いにリアルタイムで情報をやり取りしつつ（相互協調）、人の指示を逐一受けずに判断・機能し（自律化）、システム全体の効率を高めるとともに新たな製品・サービスを創出（高度化）

出典：第1回 産業構造審議会 新産業構造部会資料
「新産業構造部会の検討の背景とミッション」（平成27年9月）

　第4次産業革命の実態については、上記の資料にあるように、第3次産業革命（現在）と対比すると分かりやすいと思われる。

　第3次産業革命においては、IC（集積回路）とプログラムの技術によって自動化（工場のオートメーション化等）が実現され、機械が人間の代わりに作業を行うという意味での省人化を実現することができた。これに対し、第4次産業革命においては、技術面では、IoTや人工知能、ビッグデータやクラウドによって「自律化・相互協調」が行えるようになり、その結果として、「高度化」が実現できるとされている。

　この「自律化・相互協調」の意味については、たとえば、IoT技術によって、工場内にある複数台の製造機器の各部品の稼働状況をセンサーで収集し、それらに設置された通信モジュールを通じて、各製造機器の稼働データを「クラウド」上のサーバにアップロードして「ビッグデータ」として集積し、それらの稼働デー

タを「人工知能」が機械学習することによって各製造機器のエラーや部品の故障を予測する学習済みモデルを構築させる。それによって、製造機器のエラー等を予測できるようになった「人工知能」が、ネットワークを通じて各製造機器と「相互協調」して、各製造機器から送られてくる稼働情報をリアルタイムに収集して分析し、その結果に基づき、人工知能が各製造機器の稼働や停止の制御指示を返すことで、各製造機器の全体を「自律的」に制御するといったことである。

独立している複数の製造機器を製造手段として全体最適化させるためには、人が定期的に機器の稼働を止めて点検して回って行うよりも、人工知能がリアルタイムに各製造機器の状態のデータを収集して制御する方が合理的であり、このように機器の状態をデータの形式で把握して、リアルタイムにデータを分析して指示することは、機械同士であるがゆえにできることであり、人間と機械ではできないことである。

このように、第3次産業革命では、人間が作業を効率化させるための道具として機械を利用し、その成果を人間が利用するのに対し、第4次産業革命では、人間が関与せずに機械が他の機械の成果を利用して対応し、人間はその機械の対応結果を評価するだけになる。

② 高度化とは何か

「高度化」の意味を理解するために、高度化の内容の1つとして「無人化」が挙げられている点に注目したい。

たとえば、AIによる自動車の自動運転が実現された場合、タクシーやバスの運転手が不要になるという意味での「省人化」を実現できるかもしれない。しかし、AIも画像の誤認識や不可避

な距離での歩行者の飛出し等によって交通事故を発生させるおそれはあるため、そのような意味では運転技術において、人よりも優れているとは言いがたい。

　しかしながら、AIが単に自動車の自動運転を行うだけではなく、各自動車のAI同士が自律的に通信し合い、それぞれの位置を正確に把握して、人が介在することなく相互に各自動車の通行ルートや速度、優先順位等を最適化するように調整することができるようになれば、もはや信号機は不要となり、渋滞もなくなる。さらに、個別の自動車全体が1つの交通システムとなって、すべての車が止まらずに目的地まで高速に移動することも可能になる。

　このように、自動車同士が通信し合って自動で走行することによって、人間は自動車に目的地を指示するだけで運転に関する指示はまったく行わず（自律化）、各自動車のAIが相互にネットワーク間でやりとりを行って（相互協調）、相互に他の自動車を避けた最適なルートを選択し、他の自動車の位置を把握しながら走行する（高度化）ことが可能になる。逆に、他の自動車との間で通信して他の自動車を避けたルートを選択したり、位置を把握したりできる能力を持っていない人間は、システムによる全体最適化の妨げになるため、もはや自動車を運転してはならないことになる。

　これが「高度化」の1つである「無人化」の実現であり、「省人化」のように人間と機械が共同して人を減らすのではなく、人間が関与するとむしろシステム全体の最適化ができなくなるため、人間は関与してはならず、必然的に「無人化」になるのである。

　ただ、現実にこのような交通システムを実現するには、歩行者が入れないような自動運転車両専用道路の整備等、現時点には存

在しない社会インフラを構築することが前提となるため、容易に実現可能な話ではない。

　また、高度化を実現するためには、人間が機械の自律的な判断に委ねることができるほどに、AI（機械）を信頼できることが前提となる。そのためにはAIの機械学習に用いられるビッグデータがさらに集積して、AIを利用したサービスがさまざまな分野に普及して社会の信頼を得ることが必要であると思われる。

③　高度化した社会における個人データの利用

　高度化には、前記のとおり、機械がデータに基づいて人間にはできないような判断を実現するという側面があるところ、最近の個人データのビジネス利用としては、個人の行動履歴を収集・分析して、商品・サービスの開発者が期待した通りに顧客が利用しているかを把握したり、特定のキャンペーンを実施したことによる反応を数値で把握するといった形で行われている。従来のアンケート等による人の主観に基づく不正確な情報に基づいて判断していたものが、客観的な個人の行動履歴データを収集・分析して確度の高い評価を行うこと（高度化）が可能になってきているのである（**第1講**①参照）。

　このような個人データの利用形態が可能になった背景としては、従前は多数の個人から直接的にデータを収集するインフラが不十分であったが、近年はスマートフォンが広い世代に普及し、4Gによって通信速度も大幅に向上したこと、また家庭においても無線Wifi通信と光回線等の高速通信回線の利用が広がり、利用者の位置情報等の行動履歴を含め、スマートフォン（アプリ）を通じて情報を収集して、それらの大容量のデータを継続的にやりとりすることが可能になった。これによって、アンケート等を行わ

なくとも直接個人からスマートフォン等を通じて行動履歴データを収集することが容易になったのである。最近はメーカにおいても、BtoBの取引から脱却して、直接利用者（消費者）向けに商品の付加価値を向上させるためのオンラインサービスやスマートフォン向けアプリを無償で提供したりしているが、上記のように個人からデータを直接収集する手段となるからである。

　このような個人の行動履歴データの利用に関しては、商品やサービスの利用実態の調査のために利用するにとどまらず、当然のことながら、顧客等の個人の評価にも利用することができる。

　2019年3月に統合イノベーション戦略推進会議において決定された「人間中心のAI社会原則」において、「AIを前提とした社会においては、個人の行動などに関するデータから、政治的立場、経済状況、趣味・嗜好等が高精度で推定できることがある。これは、重要性・要配慮性に応じて、単なる個人情報を扱う以上の慎重さが求められる場合があることを意味する。」と指摘されており、個人に関するデータが本人の望まない形で流通したり、利用されたりすることによって、個人が不利益を受けることのないようにしなければならないとされている。

　実際に、そのような外形的な個人に関する情報から、個人の内心や状態を評価するサービスは実際に提供されているところであり、たとえば、AIの画像識別機能を用いた人の感情や状態を推測するサービスとしては、自動運転中に運転席の人が注意散漫になっていないかを判断させたり、逆に表情から相手に与える感情を推測させて、人材育成のために笑顔の表情をトレーニングするサービスが提供されたりしている。

　また、AIの音声認識機能を用いた人の感情や状態を推測するサービスとしては、毎日自分の音声を入力することで、その日の

自分の気分状態を計測して、自分の気分の変動をセルフチェックできるサービスや、面接を受けている人の発声から解析した気分状態によって、その人の適正タイプの診断を行うサービス等も存在する。

これらの個人データの利用形態は、いずれも人の内心を把握するという人間でもできない能力を、行動履歴データという外形的な情報から推測するというまったく人間とは異なるアプローチで実現するという意味で、高度化につながるものである。

④ 高度化した社会における人の役割と新たな課題

行動履歴データに基づき人の内心が推定され、人の行動が予測できるようになると、これまで人が知識と経験等によって行ってきたことも、AI が再現できてしまうことになる。

たとえば、弁護士の仕事が AI に代替されるという場合の仕事は、米国での e ディスカバリーでの大量のデータの中から特定の事案に関連する資料を探し出す業務等を想定しており、非定型的な事件に関する業務は代替できないと言われている。しかしながら、弁護士が代理人として行う契約や示談の交渉等も、交渉相手が考えていることや期待していることを、相手の表情や発言等を AI がリアルタイムに分析して予測できるようになれば、もはや交渉の知識や経験がなくても AI で再現されてしまうかもしれない。

現在も顔の表情や発言から感情を分析する AI も存在しているが、その精度が上がっていくと相手の心を読むことができ、交渉上の会話の映像と音声をリアルタイムに分析して、現在の嘘発見器よりもより細かい評価をフィードバックできるようになるかもしれない。

過去に Google Glass に関して、眼鏡を装着することで顔認識機能を使って公共の場で他人を識別したり、気づかれないようにプライベートな会話を記録されうるということで問題となったように、個人の意思にかかわらずその個人の外形的な行動をデジタルに記録することはすでに技術的には可能であり、また、その行動履歴から個人の内心にかかわる部分を分析することも、高度化された社会においては技術的には可能になる。

　問題は、個人の行動履歴データから、政治的立場、経済状況、趣味・嗜好等の内面や状態を推定して利用することを法的にどこまで認めるべきなのかということであり、個人のプライバシーとの関係で重要な課題になってくる。

　現在においても、刑事事件の捜査における嘘発見器の使用は、被疑者本人の同意がなければできないが、他方で、ビジネスにおけるターゲティング広告では、本人の明確な同意がなくオンラインでの行動履歴を分析して趣味や趣向を分析されている。これらの差異は、本人が不利益を受けるか否かという点にあると思われる。リクナビ DMP フォローの内定辞退率の提供事案（**第 10 講** 7参照）のように、本人の不利益と顧客のニーズとが衝突するような個人に関するデータの利用を伴うビジネスは、今後増えていくことが容易に想定される。

　2020 年度の改正個人情報保護法は、このような問題に対処するために、「不適正な利用の禁止」（個人情報取扱事業者は、違法または不当な行為を助長し、または誘発するおそれがある方法により個人情報を利用してはならない）の制度を創設した（新法 16 条の 2）。

　この制度の運用は、高度化した社会において、人の行動履歴データを AI に分析させて人の内面を評価するという能力を、どこまでビジネスで使うことを認めるのか、逆にいえば、個人の内

面を評価されることによって被る不利益との関係で、どの範囲は人の知識と経験で評価すべき領域として残すのかに影響するものであるため、これからの社会の変化とともに注目すべき課題である。

また、この「不利益」という基準は、必ずしも個人のプライバシーの概念の枠組みで説明できるものではなく、たとえば、企業間の契約交渉において、AIを用いて契約担当者が相手から内心を知られることで、実質的に不公正な取引を受け入れさせられるということもあり得るが、この場合の不利益は、企業の取引上の不利益や公正かつ自由な競争環境を維持できないという不利益も問題となりうる。

高度化した社会における人の役割は、技術的に可能であるかどうかという問題ではなく、人に及ぼされる不利益の内容や程度を踏まえて、**どこまではデータに基づく機械による評価に委ね、どこからは人間が価値評価を行うべきなのかという社会における倫理の在り方の問題**である。

第4次産業革命においてもたらされる、人のプライバシーの枠を超えた「不利益」の問題やそれを踏まえたこれからの人の役割の問題は、非常に難しい課題であるが、社会において人が自らの責任で決定していかなければならない新たな課題である。

あとがき

　本書を執筆するに当たっては、著者自身、これほどに私見に基づいた内容を書籍として刊行するについては、かなりの不安を感じていたところである。著者自身は本書の執筆自体考えていなかったが、株式会社商事法務の浅沼亨氏から、講演の内容をベースに書籍化の企画をいただいた際に、エッセイを執筆するような気持ちで取り組めばよいと背中を押されたことが、本書が世に出る契機となった。

　本書をお読みいただいた方にはご理解をいただけたと思われるが、情報管理体制の構築を実践する際に生じる課題の大半については、当該組織におけるリスク評価の問題として検討されるべきものであり、何が正解というものではない。他方で、必要なリスク評価を行わずに見て見ぬふりをしていると、想定を超える甚大な損失を招くものでもある。

　著者としては、本書を契機として、読者には組織内の情報管理体制の見直しにつなげていただきたいと考えているが、他方で、「言うは易く行うは難し」というのが組織における実態であるとも思っている。

　著者が後輩の弁護士にいつも指導していることであるが、弁護士はクライアントに法的な知識を提供するのが仕事であるが、クライアントが法的な知識を得たとしても必ずしもそれを実践できるわけではない。実践しようとする際には、組織内の従前の慣行やビジネス上の力関係といった、気づいていなかった壁に突き当たるものである。そのような壁を弁護士業務の枠外とするのではなく、クライアントとともにその壁を乗り越えて、実践できるよ

うに導くためのリーガル・コンサルティングも弁護士の重要な仕事である。

　本書は、弁護士の著作としては異質であると自覚しているが、それをあえて弁護士として執筆した意図としては、紛争予防や紛争解決という典型的な弁護士業務に限らず、組織の体制整備も含めたリーガル・コンサルティングも弁護士に依頼すべきものであり、そのような観点からもっと弁護士を活用すべきであることに気づいてもらいたいという思いにある。今後、多くの企業がデータドリブン経営を実践していく中で、社会における意識の変化に合わせたデータに対する適切なリスク管理を行うことが求められるようになるが、そのようなサポートのために弁護士等の実務家の法的な知見を生かすことが企業にとって当然だと思ってもらえるようになることを期待する。

　最後に、著者の拙い講演を契機として本書の企画を立案いただき、著者を叱咤激励して刊行までお骨折りいただいた、株式会社商事法務の浅沼亨氏、加藤拓真氏には、この場を借りて心より謝意を申し上げたい。

　令和3年2月

弁護士法人第一法律事務所
弁護士　福　本　洋　一

著者紹介

福本洋一（ふくもと・よういち）

2003年弁護士登録（大阪弁護士会）、2014年弁護士法人第一法律事務所パートナー弁護士に就任。システム監査技術者、公認システム監査人。AI、IoTやビッグデータ等を活用した新たなデータビジネスや個人情報や営業秘密等の情報管理に関するIT技術および法務に精通し、日本経済新聞社の2015年度「企業が選ぶ弁護士ランキング・情報管理分野」にも選出されている。

主な著書

『Before/After 民法改正・潮見佳男ほか編著』共著（弘文堂）

『実務解説 民法改正――新たな債権法下での指針と対応・大阪弁護士会民法改正問題特別委員会編』共著（民事法研究会）

『Q&A 会社のトラブル解決の手引』共著（新日本法規）

『中小企業の会社法実務相談・大阪弁護士会会社法実務研究会編』共著（商事法務）

『臨床心臓CT学――基礎と実践マネージメント・小山靖史編著』共著（中外医学社）

「個人データ」ビジネス利用の極意

2021年3月6日　初版第1刷発行

著　者	福　本　洋　一	
発行者	石　川　雅　規	
発行所	鸛商 事 法 務	

〒103-0025　東京都中央区日本橋茅場町3-9-10
TEL 03-5614-5643・FAX 03-3664-8844〔営業〕
TEL 03-5614-5649〔編集〕
https://www.shojihomu.co.jp/

落丁・乱丁本はお取り替えいたします。　印刷／そうめいコミュニケーションプリンティング
Printed in Japan

Shojihomu Co., Ltd.

ISBN978-4-7857-2846-5

＊定価はカバーに表示してあります。